Das Wort Segeln beschreibt zwei sehr verschiedene Arten des Vorwärtskommens unter Segeln. Zum einen die kein Kind überraschende Fortbewegung eines vom Wind geschobenen Gegenstandes nach Lee – jede Bierdose kommt in die Karibik, wenn sie es bis zum Passat südlich der Kanaren geschafft hat. Die zweite Art entsteht erst beim Segeln am Wind. Denn wenn Unter- und Überdruck am Segel entstehen und das Schwert oder der Kiel sich gegen die seitliche Abdrift wehren, macht ein Segelboot sogar trotz Wind schräg von vorn auf wundersame Weise Fahrt voraus.

Bei Segelmanövern geht es letztlich immer nur um zwei Dinge: entweder das Boot zum Fahren zu bringen – oder eben gerade nicht. Dabei ist das Anhalten das schwierigere Unterfangen, fahren tun Boote nahezu von allein. Es gibt natürlich wesentlich mehr Manöver als diejenigen, die in der Prüfung erwartet werden. So feine Manöver wie das Beidrehen, das Ankern oder Rückwärts-Segeln sind jedoch keine Prüfungsbestandteile. Wer aber die folgenden Manöver verstanden hat und beherrscht, kann sich den Rest erschließen.

Um das oben beschriebene Fahren oder Aufstoppen zu erzeugen, und um das Boot zu drehen, gibt es für ein Segel nur drei Zustände: entweder es wird voll genommen – voll und bei. Dann entwickelt es Vortrieb, und das Boot segelt. Oder das Segel wird back gehalten, also rückwärts gegen den Wind gedrückt. So entwickelt es keinen Vortrieb, sondern wirkt bremsend oder unterstützt eine Drehung des Bootes. Im dritten Zustand des Segels ist dieses weder voll noch back gestellt. Dann killt es im Wind und wirkt nicht. In einem der drei Zustände befindet sich ein Segel immer – die Frage ist nur, ob gewollt oder nicht.

Beiliegen

Dieses Manöver ist eine Kunst, die in Vergessenheit zu geraten droht. Dabei ist es das beste, um Ruhe ins Boot zu bringen und sich vielleicht um jemanden kümmern zu können. Wer die Fockschot in der Wende nicht löst, hat anschließend eine back stehende Fock. Das Großsegel wird jetzt soweit gefiert, bis sich beide Segel ausbalancieren. Auf diese Weise bekommen beide Segel Winddruck, und das Boot rollt weniger als ohne Segel. Infolge dieses Manövers steht das Boot circa 45° zum Wind, fährt nicht mehr, treibt minimal rückwärts und braucht dabei nicht gesteuert zu werden. Insofern kann man das Ruder festsetzen und eine Pause einlegen.

Luv- und Leegierigkeit

Anhand des Steuerns eines Segelbootes ohne Ruderanlage lässt sich am besten verstehen, dass ein gut stehendes Großsegel und eine schlecht getrimmte oder zu kleine Fock ein luvgieriges Boot erzeugen. Andersherum wird das Boot leegierig. Doch lässt sich dar [illegible] steuern, wenn auch nicht schnurgeradeaus. In [illegible] lich, dass ein Boot ausbal [illegible] sonst der Luv- oder Lee [illegible] steuert werden muss. D [illegible] und bremst zum anderen die Fa [illegible]

Beim Setzen und Bergen der Segel geht es darum, Groß und Fock zügig und unbeschädigt in die Höhe oder ins Schiff zu ziehen, ohne dass das Boot unkontrolliert segelt. Durch das Holen des Falls wird das Segel gesetzt, durch das Fieren kommt das Segel wieder herunter.

Die Fock ist grundsätzlich einfacher zu setzen und zu bergen als das Großsegel, da sie sich, ohne von einem zusätzlichen Baum gehalten zu werden, nach dem Wind ausrichtet und dementsprechend wenig Druck aufbaut. Mit losen Schoten lässt sich eine Fock also auch bei Halbwind oder mit achterlichem Wind setzen und bergen.

Für das Setzen und Bergen des Großsegels muss das Boot allerdings unbedingt im Wind stehen. Da das Großsegel nämlich sowohl am Mast als auch am Baum angeschlagen ist, kann es sich nur mit Wind von vorn frei ausrichten. Bei Halbwind oder achterlichem Wind wird das Großsegel dagegen nur schwer in der Mastnut rutschen. Zudem können sich die Segellatten hinter einem Want oder der Saling verklemmen.

Wenn das Großsegel nicht mehr oder noch nicht vom Baum gehalten wird, muss es von der Dirk gehalten werden. Während der Zeit, in der das Segel den Baum trägt, ist die Dirk dagegen überflüssig und kann – um das Achterliek zu schonen – abgeschlagen werden.

Die meisten Missgeschicke beim Setzen und Bergen des Segels entstehen dadurch, dass man beim Vorbereiten etwas übersehen hat, z. B., dass die Dirk nicht los, die Schot noch fest oder ein Fall vertörnt ist. Solche Missgeschicke lassen sich verhindern, indem man beim Holen und Fieren der Fallen ständig nach oben ins Rigg schaut.

TIPP

Einfallen

Beim Durchsetzen der Fallen kann man durch das sogenannte Einfallen größere Kraft ausüben. Dabei hält man mit einer Hand das lose Ende des Falls quer zur Laufrichtung hinter einer Klampe und nutzt deren Reibung zum Bremsen. Mit der anderen Hand greift man in das Fall und zieht es wie eine Bogensehne vom Mast weg. Daraufhin holt man mit der ersten Hand die gewonnene Lose über die Klampe nach. Nach dreimaliger Wiederholung des Vorgangs sollte das Fall fest durchgesetzt sein.

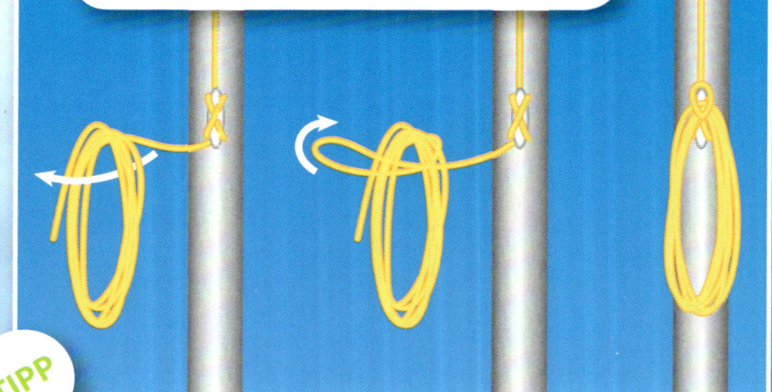

TIPP

Fall aufschießen

Das belegte Fall wird aufgeschossen und so auf der Klampe gesichert, dass es mit einem Handgriff klar zum Fallen ist.

Drei Scheine

Es gibt drei Sportboot-Führerscheine (SBF): Den SBF-Binnen-Segel, den SBF-Binnen-Motor und den SBF-See. Der SBF-Binnen-Segel behandelt primär das Segeln, die beiden anderen Scheine das Fahren unter Maschine. Der SBF-Binnen-Segel ist insofern kein amtlicher Führerschein, als dass das reine Segeln grundsätzlich führerscheinfrei ist. Sobald jedoch ein Motor von mehr als 3,68 kW (5 PS) an Bord ist, ist der SBF-Binnen-Motor bzw. der SBF-See in Abhängigkeit von dem jeweiligen Gebiet (Binnen- oder Seeschifffahrtsstraße) zwingend vorgeschrieben.

Die Erlangung aller drei Scheine ist mit einer theoretischen und einer praktischen Prüfung verbunden. Die im Folgenden beschriebenen Manöver sind die der praktischen SBF-Binnen-Segel-, der SBF-Binnen-Motor- sowie die der SBF-See-Prüfung. Der Unterschied zwischen der SBF-Binnen-Motor- und der SBF-See-Prüfung besteht lediglich darin, dass bei letzterer auch das Fahren nach Kompass sowie das Peilen geprüft werden.

Zusätzlich zu den Bootsmanövern werden in Abhängigkeit von dem jeweiligen Führerschein in den praktischen Prüfungen das Anlegen einer Rettungsweste sowie das Vorführen bestimmter Knoten verlangt. Da die Richtlinien zur Sportbootführerscheinverordnung-Binnen dem DSV und DMYV gewisse Spielräume in der Ausgestaltung belassen, lohnt es sich, nachzufragen, welche praktischen Fähigkeiten der im konkreten Fall prüfende Ausschuss verlangt.
Allgemeine Informationen zu den Führerscheinen, die aktuellen Fragenkataloge sowie relevante Adressen lassen sich auf den Seiten www.dsv.org sowie www.dmyv.de und auf www.elwis.de finden.

Kommandosprache

Die Kommandos an Bord sind in Wortwahl oder Umfang nicht festgelegt und haben keinen Selbstzweck. Trotzdem werden sie meist in gleicher Form benutzt, weil sie sich in der Praxis bewährt haben. Diese Kommandos und die entsprechenden Rückmeldungen sollen dabei helfen, Missverständnisse zu vermeiden und reibungslose Manöver zu ermöglichen, letztlich also Sicherheit erzeugen. Daraus hat sich eine Manöversprache entwickelt, die in der Regel aus einem Dreischritt besteht und manchmal noch mit einer weiteren Rückmeldung abgeschlossen wird.

Grundsätzlich geht es immer darum, dass der Bootsführer ein Manöver beabsichtigt und – Schritt 1 – diese Absicht frühzeitig ansagt, z. B. „Klar zum …", damit die Person, die das Manöver betrifft, sich vorbereiten kann.
Sobald die Person für das entsprechende Manöver vorbereitet ist, folgt – Schritt 2 – die Rückmeldung, z. B. „… ist klar." Jetzt weiß der Bootsführer, dass er das aus Schritt 1 Gewünschte abrufen kann. Solange diese Rückmeldung nicht erfolgt ist, darf das Manöver nicht begonnen werden.
Nach erfolgter Rückmeldung gibt der Bootsführer – Schritt 3 – das entsprechende Kommando, z. B. „Lass fallen …" oder „Los die …leine". Die Ausführung des jeweiligen Manövers sollte dann unverzüglich nach dem gegebenen Kommando erfolgen.
Gegebenenfalls lässt sich der Bootsführer – Schritt 4 – mitteilen, ob das Manöver erfolgreich war, z. B., ob die zu rettende Person an Bord ist oder die Vorleine tatsächlich fest ist.

Klas Klauberg
Bernhard Spörer

Manövertafeln

Alles für die praktische Prüfung SBF-Binnen und SBF-See

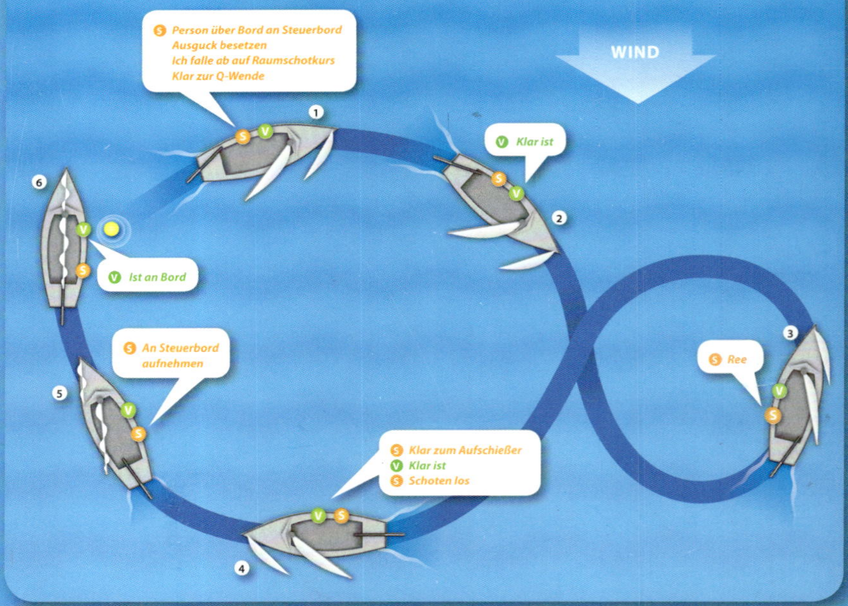

DELIUS KLASING

WIND

Setzen

- **S** *Klar zum Setzen Groß*
- **V** *Groß ist klar*
- **S** *Heiß auf das Groß*
- **V** *Großfall ist fest*
- **S** *Abdirken und Baumniederholer durchsetzen*
- **V** *Dirk ist los, Baumniederholer ist fest*
- **S** *Klar zum Setzen Fock*
- **V** *Fock ist klar*
- **S** *Heiß auf die Fock*
- **V** *Fockfall ist fest*

Bergen

- **S** *Klar zum Bergen Groß, Baumniederholer los und andirken*
- **V** *Großfall ist klar, Baumniederholer ist los, Dirk ist fest*
- **S** *Lass fallen Groß und klar zum Bergen Fock*
- **V** *Fockfall ist klar*
- **S** *Lass fallen Fock*

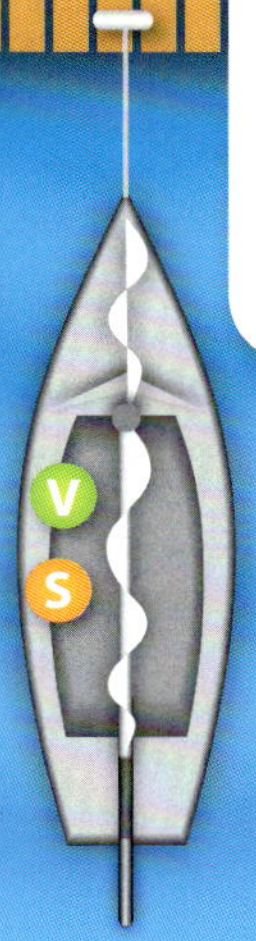

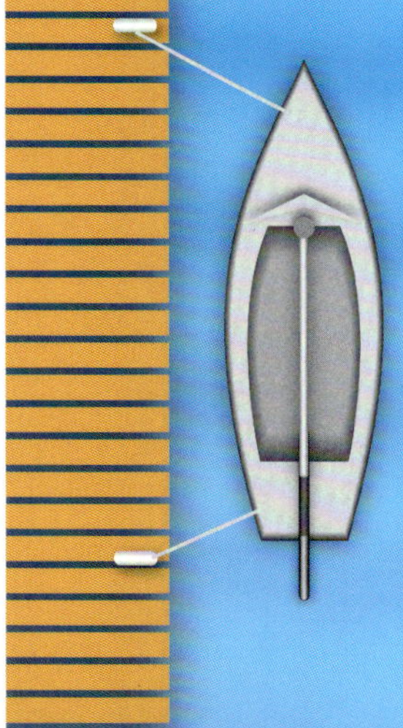

Wenn die Vorleine gefiert ist, Groß- und Fockfall klar und beide Schoten los sind sowie der Baum angedirkt und der Baumniederholer geöffnet sind, sind Groß und Fock klar zum Setzen oder Bergen.

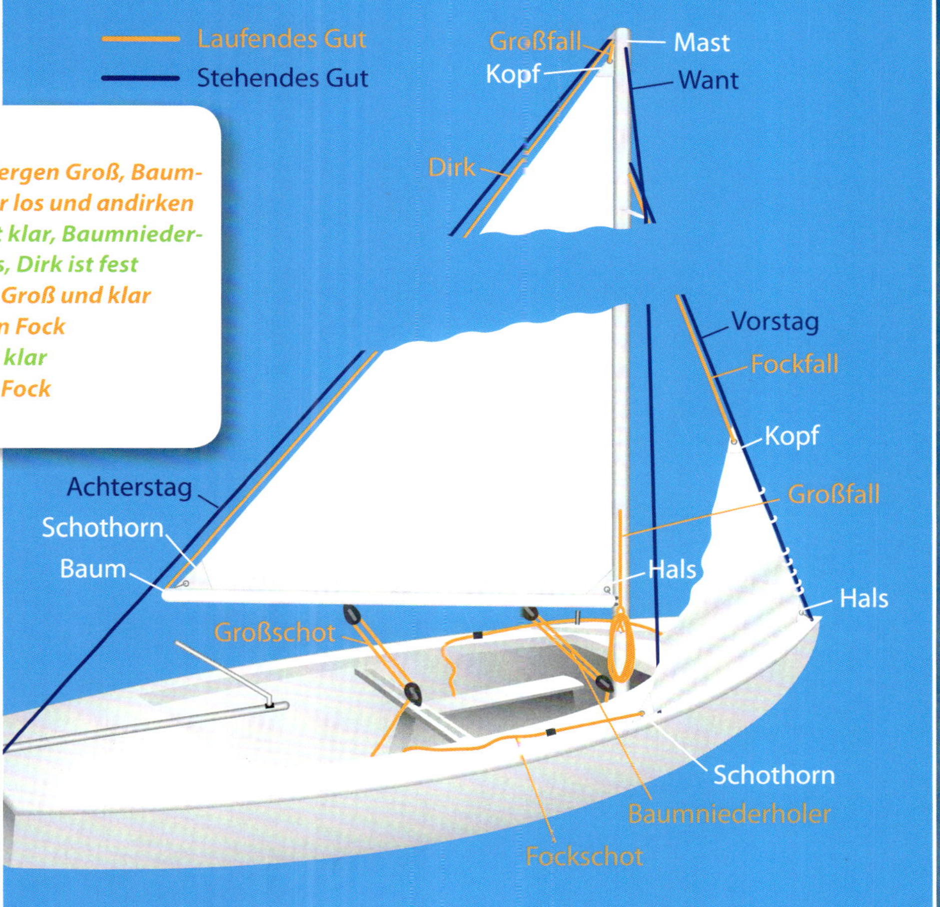

Das stehende und laufende Gut eines Riggs

S = *Steuermann*
V = *Vorschoter*

Wind

Wenn von Wind, z. B. seiner Richtung und Stärke, gesprochen wird, ist in der Regel der wahre Wind gemeint, also der, der tatsächlich weht. Sobald das Boot jedoch Fahrt aufnimmt, entsteht zusätzlich ein Fahrtwind. Das, was der Segler nun im Gesicht spürt und worauf die Segel reagieren und eingestellt werden müssen, ist das Resultat der beiden Winde, der sogenannte scheinbare Wind. Dies ist der wirksame Segelwind, der für die Fahrt des Bootes sorgt.

Kurse und Kursänderungen im Bezug zum Wind

Auf einem Segelboot beziehen sich Kurse, Kursänderungen und Richtungen in erster Linie auf den Wind. Denn Kurse bezeichnen Winkel, in denen das Boot zum Wind steht. Daraus ergeben sich auch die verschiedenen Segelstellungen. Jede Kursänderung ist daher entweder eine in Richtung des Windes oder weg von ihm.

Kurse und Richtungen im Bezug zum Boot

Geht es darum, auf Tonnen oder Boote hinzuweisen, ist das Boot mit seiner Längsachse die zweite Basis, von der ausgehend Richtungen bestimmt werden können. Ein anderes Boot oder eine Tonne ist dann beispielsweise „recht voraus" oder „Steuerbord vier Strich".

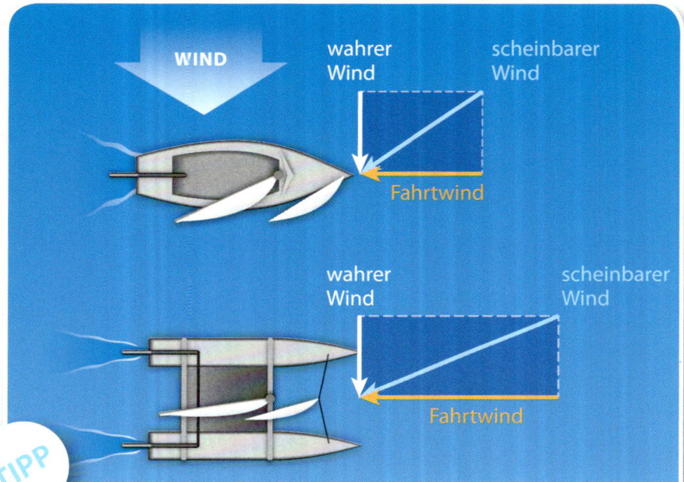

TIPP

Winddreieck

Fahren zwei Boote, beispielsweise ein Katamaran und eine Jolle, mit demselben wahren Wind unterschiedlich schnell, segeln sie auch mit unterschiedlichen scheinbaren Winden. Je spitzer der scheinbare Wind einfällt, desto dichter müssen die Segel genommen werden. Je raumer der scheinbare Wind einfällt, desto weiter können die Segel gefiert werden.

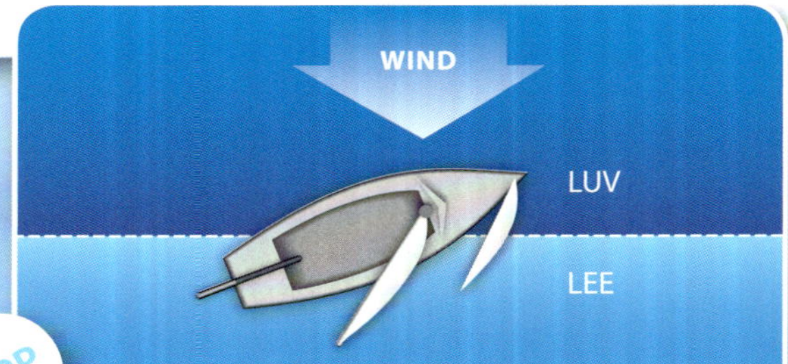

TIPP

Luv und Lee

Die Bezeichnungen Luv und Lee teilen die Umgebung – aus der Perspektive eines einzelnen Bootes – in zwei Hälften. Und zwar in Luv, das ist die schwer zu erreichende, dem Wind zugewandte Seite. Und in Lee, das ist die vom Wind abgewandte Seite, zu der jeder treibt, der nichts dagegen tut.

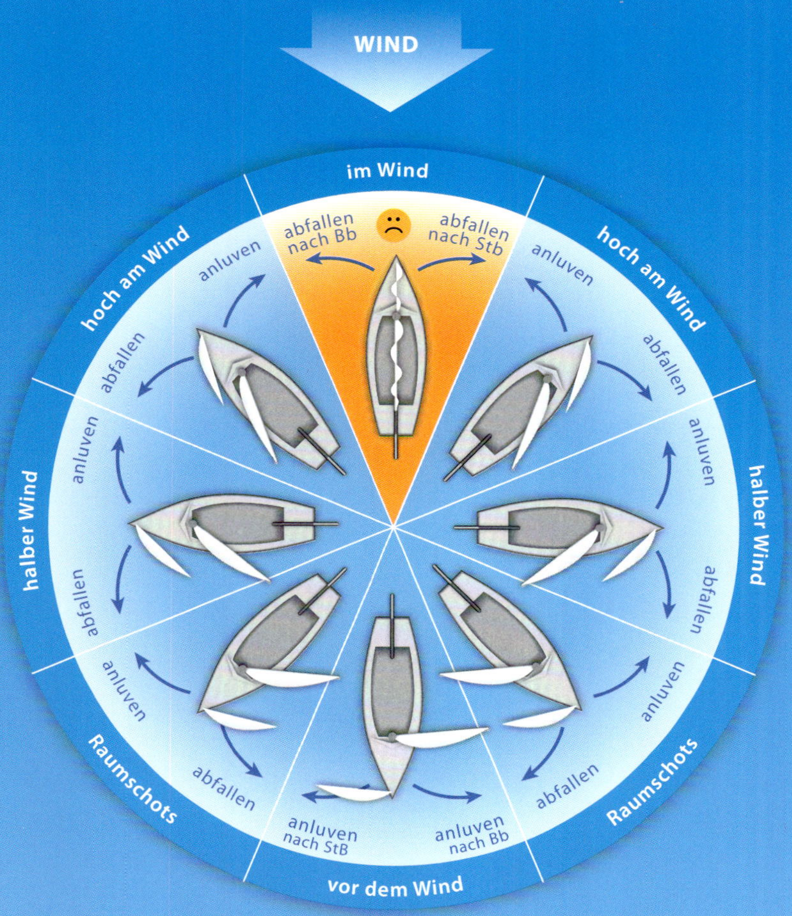

Auf den Wind bezogene Kurse

Auf das Boot bezogene Kurse

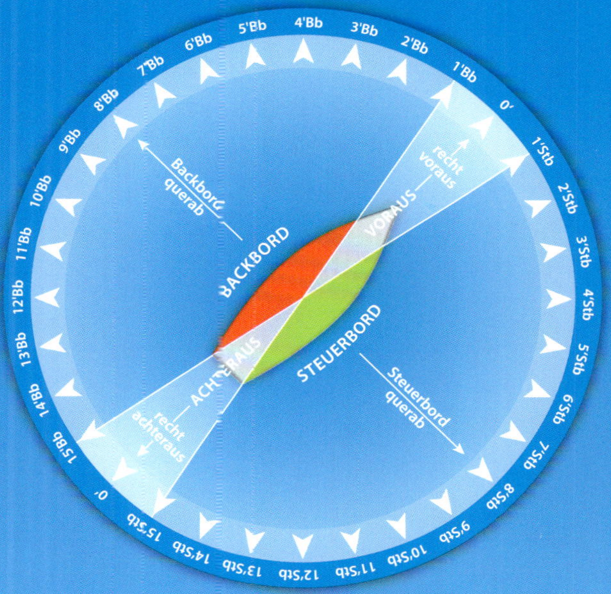

Die Einteilung der Umgebung des Bootes anhand der Strichrose mit ihren 32 Strichen bezieht sich auf die Einteilung des Horizonts in 32 Teile des Kreisumfangs.
Eine Strichrose dient der exakten Richtungsangabe im Bezug auf das Boot. „Wahrschau, Tonne an Steuerbord vier Strich" ist eben präziser als „schräg voraus rechts" oder „Tonne rechts auf zwei Uhr".

Beim Ablegen geht es darum, das Boot in die gewünschte Richtung abfallen zu lassen, denn üblicherweise steht es ja noch im Wind. Nach dem Loswerfen der Vorleine, beginnt das Boot rückwärts zu fahren, und man hat jetzt drei Möglichkeiten, das Boot zum Abfallen zu bringen.
Zum einen wird das Steuerruder so gelegt, dass sich das Heck des Bootes in der Rückwärtsfahrt zur Seite bewegt.
Zum anderen hält der Vorschoter die Fock auf einer Bootsseite back, sodass die Fock – ohne Vortrieb zu erzeugen – nur auf die Seitwärtsbewegung des Bugs wirkt. Ist das Boot auf diese Weise aus der Im-Wind-Stellung heraus, lässt der Steuermann die Fock auf der richtigen Seite, also in Lee, voll nehmen, damit diese Vortrieb erzeugen kann. Außerdem lässt sich das rückwärts treibende Boot noch mit dem backgestellten Großsegel drehen. Da das Großsegel hinter dem Drehpunkt des Bootes wirkt, drückt der Steuermann es auf der entgegengesetzten Seite der back gehaltenen Fock gegen den Wind.

Das Abfallen und das Anfahren nach dem Rückwärtstreiben sind etwas anspruchsvoll, weil das Ruder bei wenig Fahrt noch wenig Wirkung hat und die Drehung im Wesentlichen über die Segelstellung erreicht werden muss. Auch braucht es beim Übergang vom Rückwärtstreiben zum Vorwärtsfahren voll stehende Segel sowie etwas Geduld und Vertrauen in die Segelstellung. Denn ohne Geduld werden die Segel meist zu dicht genommen, wodurch sie weniger wirken können – die Abdrift wird größer als die Fahrt voraus.

TIPP

Starthilfe

Es entspricht guter Seemannschaft, wenn der auf dem Steg stehende Vorschoter nach dem Kommando des Steuermanns „Vorleine los!" das Boot am Vorstag festhält und den Bug schon in die gewünschte Richtung drückt.

Wenn der Platz dafür vorhanden ist, kann er das Boot auch drei Schritte nach vorn ziehen, dann wegdrücken und in Höhe des Wants übersteigen. Man erspart sich so das lästige Backhalten, Rückwärtstreiben und Wieder-Fahrt-Aufnehmen.

TIPP

Griff zur Talje

Da das Großsegel so geführt werden muss, dass es schnell voll steht, kann man als Steuermann – wenn es nicht zu arg weht – kurzzeitig die gesamte Großschottalje mit einem Handgriff nehmen und anholen. Sobald das Boot Fahrt aufgenommen hat, lässt man die Talje los und nimmt wieder das Ende der Schot.

1. Das Großsegel und die Fock sind bereits gesetzt, das Boot steht im Wind, alle Schoten sind weit gefiert, der Vorschoter steht auf dem Steg. Nach dem Übersteigen des Vorschoters soll das Boot nach Steuerbord abfallen. Der Steuermann drückt das Groß deshalb an Steuerbord back, um die gewünschte Drehung zu unterstützen. In jedem Fall muss das Groß weit offen sein und darf keinen Wind von Luv einfangen, da es sonst dem Abfallen entgegenwirken würde.

2. Während das Boot mit Wind von vorn rückwärtstreibt, legt der Steuermann das Ruder so, dass es die gewünschte Drehung des Bugs nach Steuerbord unterstützt (das Heck dreht also nach Backbord). Der Vorschoter hält die Fock direkt am Segel oder mit der Schot an Backbord back. Dadurch unterstützt die Fock die Drehbewegung des Bootes und lässt den Bug nach Steuerbord abfallen. Das Groß muss weit offen sein und darf keinen Wind einfangen, weil dies dem Abfallen entgegenwirken würde.

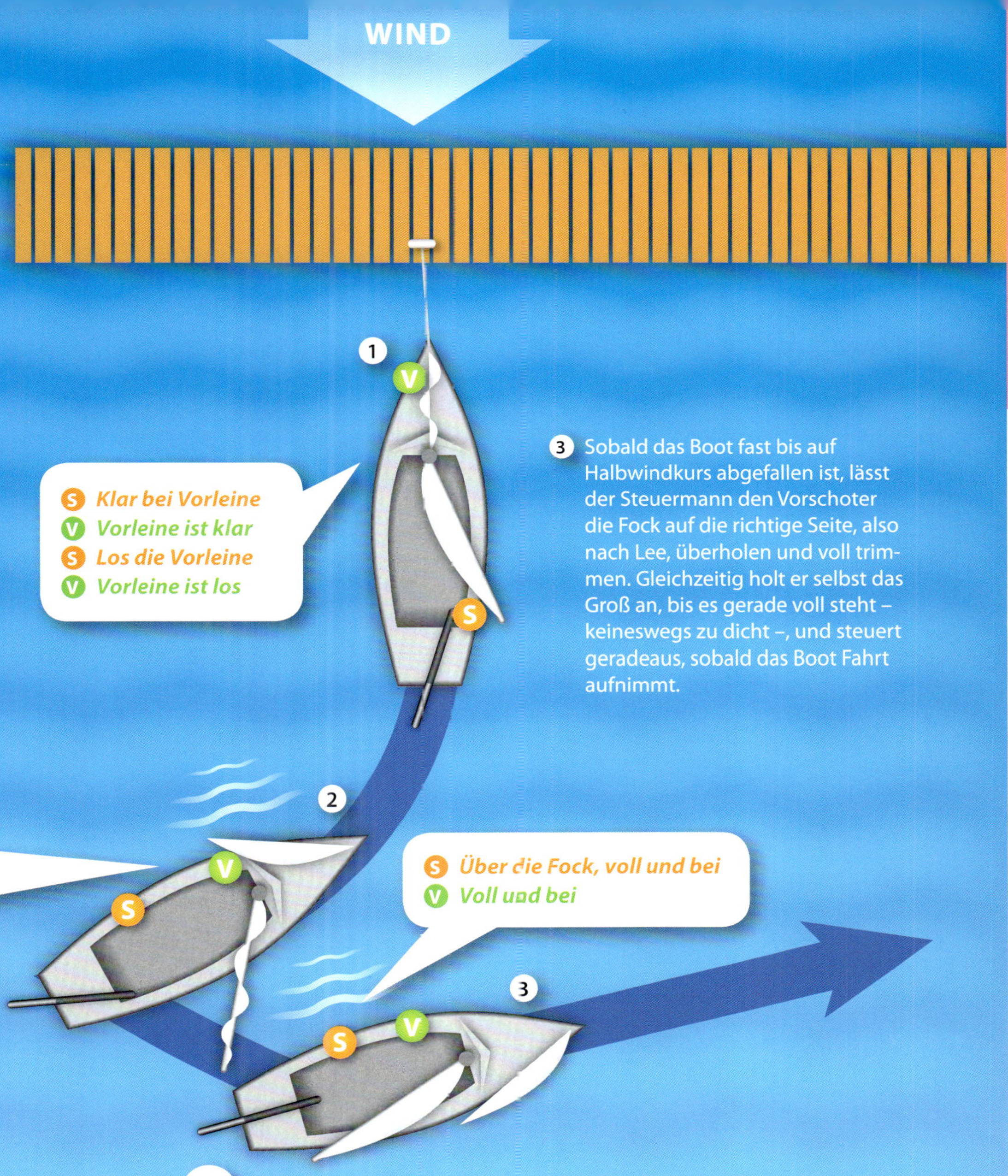

3. Sobald das Boot fast bis auf Halbwindkurs abgefallen ist, lässt der Steuermann den Vorschoter die Fock auf die richtige Seite, also nach Lee, überholen und voll trimmen. Gleichzeitig holt er selbst das Groß an, bis es gerade voll steht – keineswegs zu dicht –, und steuert geradeaus, sobald das Boot Fahrt aufnimmt.

Das Ablegen aus dieser Position ist vergleichsweise bequem. Denn bereits durch einen beherzten Tritt des Vorschoters beim Aufsteigen auf das Vorschiff fällt das Boot ab und kommt so leicht aus seiner Im-Wind-Lage. Das lästige Rückwärtstreiben beim Backhalten der Fock muss nicht sein. Natürlich kann man aber die Fock back halten, um den Tritt des Vorschoters bzw. das Abfallen zu unterstützen. Wenn vor dem Boot noch Platz und der Steg lang genug ist, kann der Vorschoter es auch drei Schritte anschleppen. Dann wirkt das Ruder bereits und man kann, nach dem seitlichen Aufsteigen des Vorschoters, abfallen, indem man einfach entsprechend Ruder legt.

Aber Wahrschau! Da auch bei diesem Ablegemanöver das Boot zunächst wenig Fahrt macht, wirkt das Ruder noch sehr wenig – deshalb sollte jede gewünschte Drehung des Bootes vor allem durch die Segelstellung herbeigeführt werden.

Ein Boot ist idealerweise mit vier Leinen – Vorleine, Achterleine, Vorspring und Achterspring – festgemacht. Zum Ablegen muss man sich also vorher überlegen, in welcher Reihenfolge man die Leinen löst. Welche muss die Letzte sein, die der Vorschoter an Land löst und mit ihr zusteigt, welche ist bei der vorherrschenden Windrichtung weniger wichtig und kann als Erste gelöst werden? Gleichgültig, welche Situation gegeben ist: Ein Ablegemanöver beginnt also immer mit der Vorbereitung der Leinen.

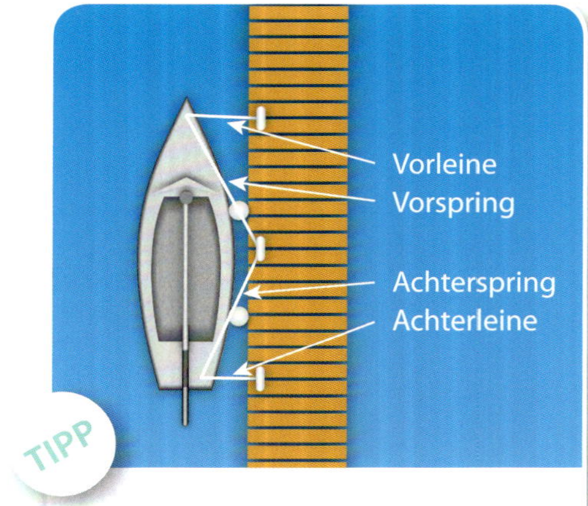

Festmacherleinen
Vor- und Achterleine verhindern die seitliche, Vor- und Achterspring die Vor-zurück-Bewegung des Bootes.

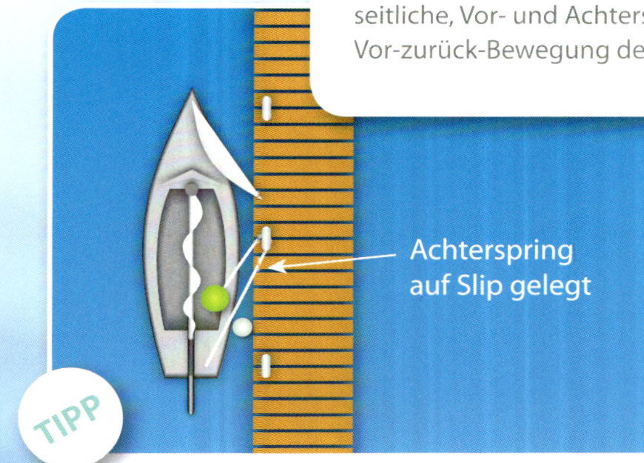

Achterspring
Sollte der Vorschoter dem Boot nach dem Loswerfen der Vorleine keinen Anschwung gegeben haben, wird es einen Moment dauern, bis der Bug weit genug abgefallen ist. Bis dahin wird das Boot zu einer Rückwärtsbewegung neigen. Wer diese verhindern möchte, muss für diesen Moment eine Achterspring zum Steg ausgebracht haben. Allerdings ist dieses Manöver eher für größere Yachten geeignet, die nicht so einfach anzuschieben sind.

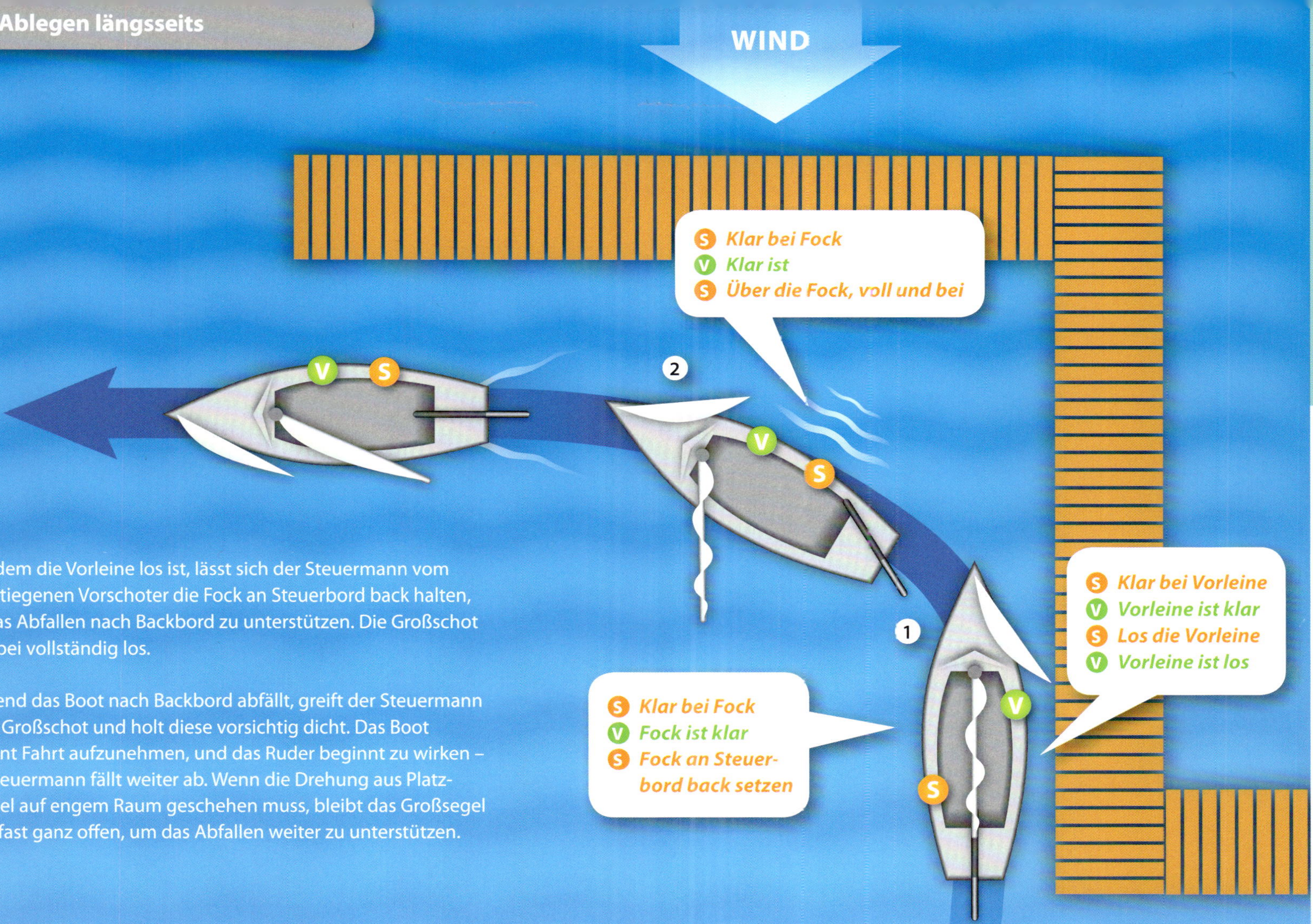

1. Nachdem die Vorleine los ist, lässt sich der Steuermann vom zugestiegenen Vorschoter die Fock an Steuerbord back halten, um das Abfallen nach Backbord zu unterstützen. Die Großschot ist dabei vollständig los.

2. Während das Boot nach Backbord abfällt, greift der Steuermann in die Großschot und holt diese vorsichtig dicht. Das Boot beginnt Fahrt aufzunehmen, und das Ruder beginnt zu wirken – der Steuermann fällt weiter ab. Wenn die Drehung aus Platzmangel auf engem Raum geschehen muss, bleibt das Großsegel noch fast ganz offen, um das Abfallen weiter zu unterstützen.

Mit einer Wende oder Halse wechselt man den Bug – also die Seite –, auf der das Boot durchs Wasser fährt. Nach diesen Manövern wird der Wind von der anderen Seite des Bootes einfallen. Sofern der Richtungswechsel mit dem Bug durch den Wind erfolgt, handelt es sich um eine Wende. Wenn man mit dem Heck durch den Wind geht, handelt es sich um eine Halse.

Im Moment der Wende bekommt das Boot den Wind von vorn. Da Boote mit Wind von vorn jedoch nicht segeln können, darf das Wendemanöver nicht zu lange dauern. Ansonsten kommt das Boot zum Stehen, das Ruder wirkt nicht mehr, und das Boot nimmt irgendwann sogar Fahrt rückwärts auf. Dann kann man das Boot erst wieder mittels einer neuen Ruderlage und einer back gehaltene Fock zum Abfallen bringen.

Damit die Wende zügig gelingt und währenddessen nicht zu viel Fahrt verloren geht, sollte der Weg der Drehung in der Wende ein möglichst kleiner sein. Deswegen segelt der Steuermann vor der Wende möglichst hoch am Wind. Je mehr Fahrt das Boot dabei macht, desto einfacher wird die folgende Drehung aufgrund des gut wirkenden Ruders gelingen. Kleine Jollen kann man zwar auch aus einem Halbwindkurs heraus durch die Wende bringen, bei größeren und untertakelten Booten ist dieses Unterfangen jedoch deutlich schwieriger.

Während der Wende wandert der Baum über das Boot auf die andere Seite. Da sich im Grunde genommen jedoch das Boot unter dem Baum wegdreht, hat es der Steuermann selbst in der Hand, wie schnell oder langsam der Baum über die Köpfe schwingt.

TIPP

Ree

„Ree" als das Kommando der Wende ist die zusammengezogene Kurzform von „Ruderpinne nach Lee". Wer auf einem Boot mit Ruderpinne eine Wende fahren, also mit dem Bug durch den Wind drehen möchte, muss die Pinne nämlich nach Lee drücken, also zum Großsegel hin. Auf Booten mit Radsteuerung heißt das Kommando zum Wenden ebenfalls „Ree".

TIPP

Orientierung

Da das Boot in der Wende dreht und man den Kopf tiefer als den Baum halten sollte, geht – gerade bei den ersten Wenden – häufig die Orientierung verloren. Daher lohnt es sich für den Steuermann, vor der Wende zu schauen, wohin der neue Kurs nach der Wende gehen soll. Dabei ist eine Landmarke ein guter Orientierungspunkt.

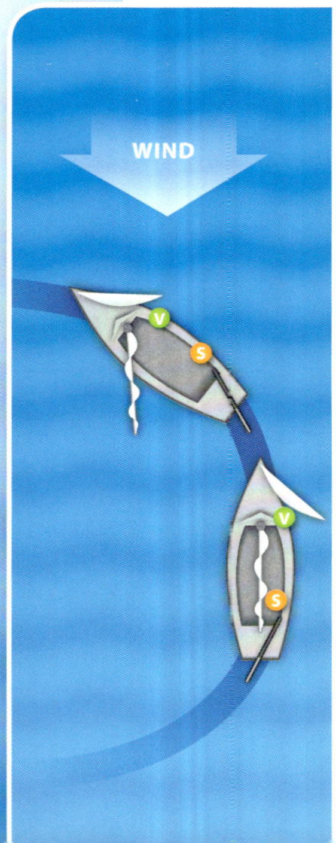

TIPP

„Back die Fock"

Eine back stehende Fock kann die zweite Hälfte der Wende unterstützen. Dabei erzeugt die Fock keinen Vortrieb, sondern verstärkt lediglich die seitliche Drehbewegung des Bootes. Wünscht sich der Steuermann für die Wende eine back stehende Fock, holt der Vorschoter die Fock erneut auf dem vorherigen Bug dicht, sobald das Boot durch den Wind gegangen ist. Zuvor sollte er sie jedoch gefiert haben, um auch die erste Hälfte der Drehung zu unterstützen. Bequeme Vorschoter fieren die Fock gar nicht erst auf und warten, bis die Fock in der Drehung von selbst back kommt. In diesem Fall ist allerdings keine unterstützende Drehbewegung in der ersten Wendehälfte gegeben.

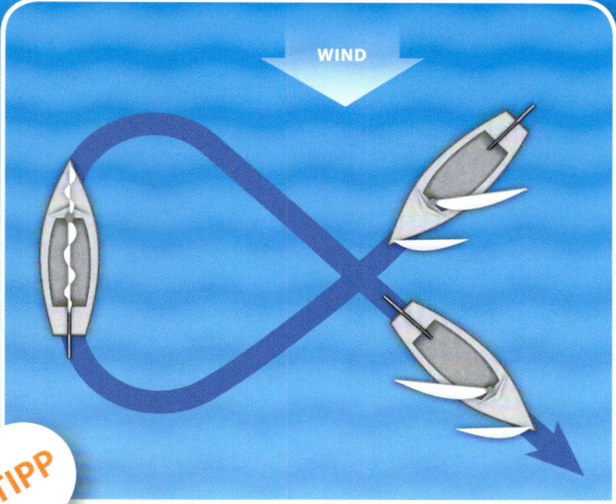

TIPP

Q-Wende

Als Q-Wende bezeichnet man die – grundsätzlich gewöhnlich gefahrene – Wende eines Bootes aus einem Raumschotkurs heraus. Da der kürzeste Weg für einen Bugwechsel aus diesem Kurs heraus jedoch eine Halse ist, erscheint das Manöver ungewöhnlich und bekommt einen eigenen Namen. Einen längeren Weg zu wählen, bietet sich beispielsweise bei viel Wind und nicht eingespielter Besatzung an. Die Kunst der Q-Wende liegt vor allem darin, das Boot während des ganzen Manövers kontinuierlich in Fahrt zu halten. Wer aus dem Raumschotkurs heraus in die Wende fährt, ohne dabei die Segel entsprechend der durchlaufenden Kurse dichter zu nehmen, wird Fahrt verlieren und möglicherweise im Wind stehen bleiben.

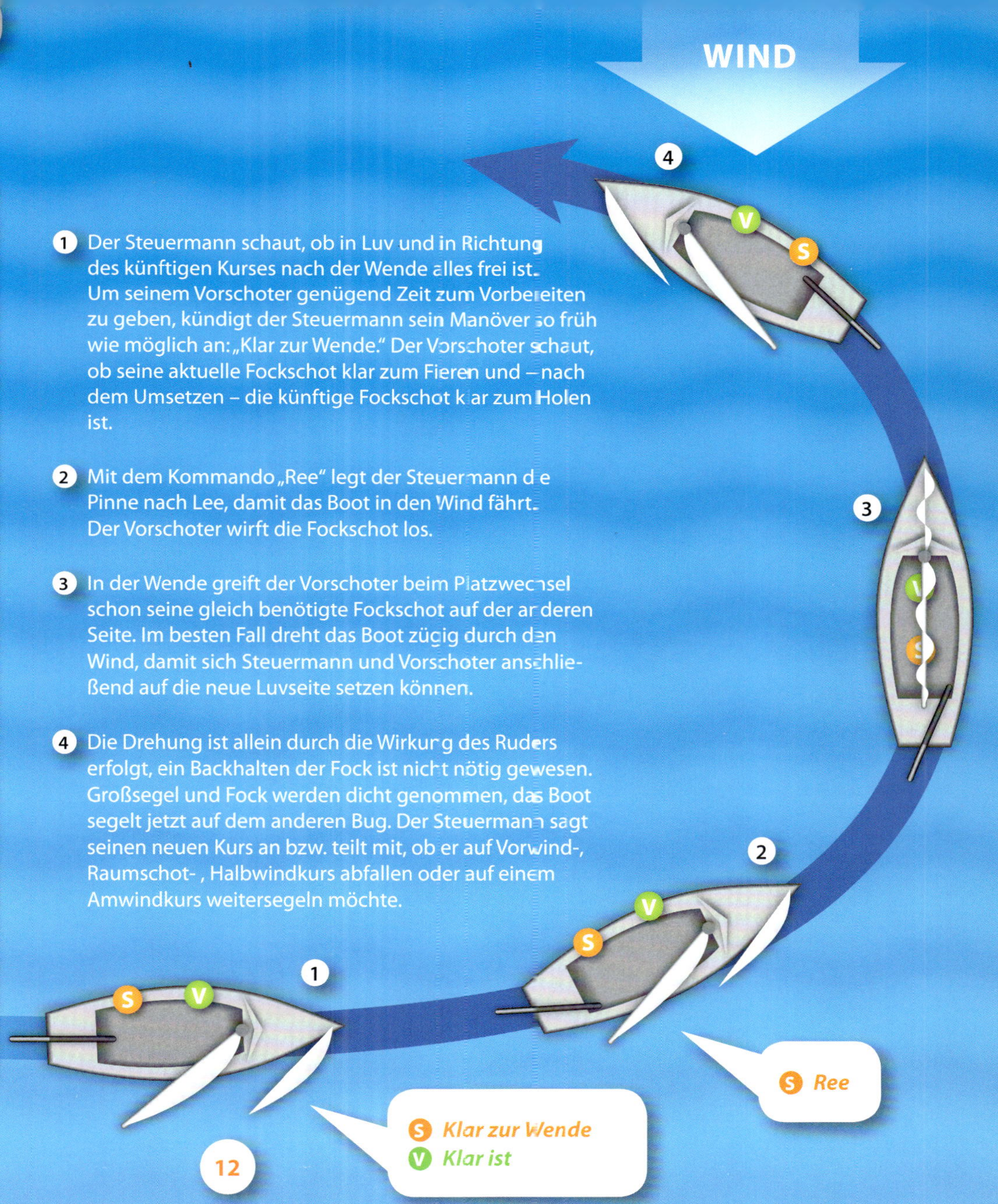

1. Der Steuermann schaut, ob in Luv und in Richtung des künftigen Kurses nach der Wende alles frei ist. Um seinem Vorschoter genügend Zeit zum Vorbereiten zu geben, kündigt der Steuermann sein Manöver so früh wie möglich an: „Klar zur Wende." Der Vorschoter schaut, ob seine aktuelle Fockschot klar zum Fieren und – nach dem Umsetzen – die künftige Fockschot klar zum Holen ist.

2. Mit dem Kommando „Ree" legt der Steuermann die Pinne nach Lee, damit das Boot in den Wind fährt. Der Vorschoter wirft die Fockschot los.

3. In der Wende greift der Vorschoter beim Platzwechsel schon seine gleich benötigte Fockschot auf der anderen Seite. Im besten Fall dreht das Boot zügig durch den Wind, damit sich Steuermann und Vorschoter anschließend auf die neue Luvseite setzen können.

4. Die Drehung ist allein durch die Wirkung des Ruders erfolgt, ein Backhalten der Fock ist nicht nötig gewesen. Großsegel und Fock werden dicht genommen, das Boot segelt jetzt auf dem anderen Bug. Der Steuermann sagt seinen neuen Kurs an bzw. teilt mit, ob er auf Vorwind-, Raumschot-, Halbwindkurs abfallen oder auf einem Amwindkurs weitersegeln möchte.

Genau wie bei der Wende geht es bei der Halse darum, den Bug zu wechseln, das Boot also auf einen neuen Kurs zu bringen, auf dem es dann den Wind von der anderen Seite haben wird. Im Unterschied zur Wende geht das Boot im Moment der Drehung mit dem Heck durch den Wind. Beim Halsen hat man den Wind also eine Zeit lang direkt von achtern.

In der Wende wandert der Baum nur so schnell über das Boot, wie das Boot sich darunter dreht. In der Halse hingegen klappt das Segel abrupt von der einen auf die andere Seite und je weiter der Weg des Baumes dabei ist, desto mehr Schwung bekommt dieser. Dem vollständigen Umklappen des Großsegels gilt es also, durch schnelles Dichtholen und Auffieren der Großschot kontrolliert entgegenzuwirken. Dadurch wird das eigenständige Umklappen des Segels auf ein Minimum reduziert. Klappt das Groß unkontrolliert den weiten Weg von der einen auf die andere Seite, gibt es aufgrund der Wucht fast immer Schäden an Mensch oder Material.

Da die Halse also nicht schneller gefahren werden darf, als das Segel dicht genommen werden kann, muss hier aufmerksamer gesteuert werden. Damit das Boot obendrein in der Halse nicht an Fahrt verliert, sollte der Steuermann die Großschot schnell – also mit beiden Händen – dichtholen und auf der neuen Seite gleich wieder fieren. Das ist, mit nur zwei Händen, das Anspruchsvolle an der Halse. Viele Steuerleute klemmen sich daher die Pinne beim Dichtholen kurz zwischen die Beine und holen die Schot mit beiden Händen dicht. Anschließend lassen sie das Segel umklappen, nehmen die Pinne wieder in die Hand und fieren die Schot mit der zweiten Hand auf der neuen Seite wieder auf.

TIPP

Schiften

Das Schiften, also der Wechsel des Großsegels auf die andere Seite ohne Kursänderung, muss nicht in jedem Fall mit der Großschot und einer die Kraft vergrößernden Talje erfolgen. Wenn es die Windstärke und die eigene Kraft erlauben, kann das Groß auch mit einer Hand in einem Schwung auf die andere Seite geklappt werden. Dazu greift man am besten direkt um die Talje.

TIPP

Stützruder I

Beim Umklappen des Großsegels auf die andere Seite erfährt das Boot einen erheblichen Drehimpuls. Diesem muss der Steuermann entgegensteuern, indem er sogenanntes Stützruder gibt. Dadurch versucht er, auf dem Vorwindkurs zu bleiben, solange das Groß noch nicht wieder weit offen ist. Schafft er dies nicht und dreht das Boot an den Wind, steht es jetzt mit noch viel zu dichtem Großsegel auf Raumschot- oder – noch ungünstiger – auf Halbwindkurs. Daraus resultiert wenig Vortrieb und sehr viel Krängung, zu der auch noch die Krängung des Bootes durch die Kurvenfahrt kommt. Zur Kenterung kommt es spätestens dann, wenn diese Krängung schon so stark ist, dass sich das Großsegel nicht mehr weit genug auffieren lässt, weil der Baum bereits im Wasser schleift.

TIPP

Stützruder II

Wenn zuviel Stützruder gegeben wird, führt dies natürlich dazu, dass das Boot nicht auf dem Vorwindkurs bleibt, sondern so weit zurückdreht, dass das Großsegel wieder umklappt und man eine zweite Halse fährt. Solange das Großsegel dabei dicht genommen bleibt, ist dies kein Problem, sondern kann sogar eine gute Übung sein.

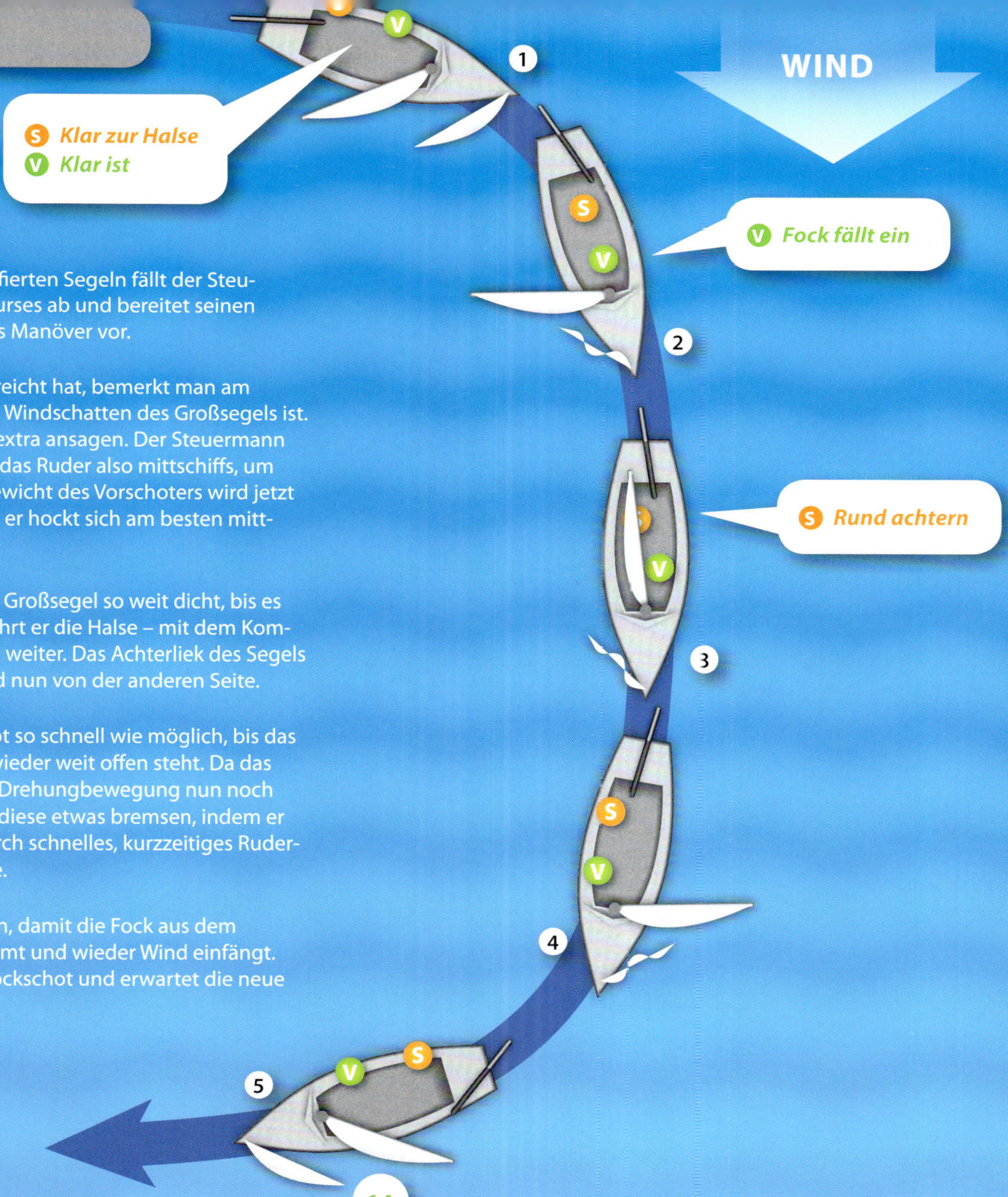

1. Mit allmählich immer weiter aufgefierten Segeln fällt der Steuermann in Richtung des Vorwindkurses ab und bereitet seinen Vorschoter schon frühzeitig auf das Manöver vor.

2. Dass das Boot den Vorwindkurs erreicht hat, bemerkt man am Einfallen der Fock, da diese nun im Windschatten des Großsegels ist. Einige Steuerleute lassen sich das extra ansagen. Der Steuermann steuert jetzt geradeaus weiter, hat das Ruder also mittschiffs, um den Vorwindkurs zu halten. Das Gewicht des Vorschoters wird jetzt nicht mehr auf der Kante benötigt; er hockt sich am besten mittschiffs hin.

3. Der Steuermann holt zunächst das Großsegel so weit dicht, bis es mittschiffs über ihm steht. Dann fährt er die Halse – mit dem Kommando „Rund achtern" – ein wenig weiter. Das Achterliek des Segels klappt um und bekommt den Wind nun von der anderen Seite.

4. Der Steuermann fiert die Großschot so schnell wie möglich, bis das Groß, passend zum Vorwindkurs, wieder weit offen steht. Da das Großsegel auf der neuen Seite die Drehungbewegung nun noch unterstützt, kann der Steuermann diese etwas bremsen, indem er Stützruder gibt. Dies geschieht durch schnelles, kurzzeitiges Ruderlegen zur entgegengesetzten Seite.

5. Jetzt kann der Steuermann anluven, damit die Fock aus dem Windschatten des Großsegels kommt und wieder Wind einfängt. Der Vorschoter greift die andere Fockschot und erwartet die neue Kursansage des Steuermanns.

Beim Aufschießer geht es darum, ein fahrendes Boot an einem bestimmten Punkt zum Stehen zu bringen – kurz vor dem Steg, an einer Boje oder eine Armeslänge von einem zu Rettenden entfernt.

Damit ein Boot zum Stehen kommt, muss es gegen den Wind gesteuert werden. Dadurch fangen die killenden Segel keinen Wind mehr ein, und es findet kein Vortrieb mehr statt. Bis das Boot aber steht, fährt es infolge seiner Masse noch einige Bootslängen gegen den Wind. Abhängig vom Bootstyp und dem Ruderlegen beim Aufschießer beträgt die Aufstoppstrecke circa zwei bis drei Bootslängen.
Das Anspruchsvolle an diesem Manöver ist daher das Abschätzen der Länge der Aufstoppstrecke und des Startpunkts. Wie viele Bootslängen wird das Boot auch gegen den Wind noch weiterfahren bis es steht? Und wo muss das Manöver begonnen werden? Die Länge der Aufstoppstrecke bekommt man nur durch Ausprobieren heraus. Der Startpunkt des Aufschießers befindet sich dabei genau in Lee des Ziels.

Den Aufschießer fährt man mit gefierten Schoten, damit die Segel frei killen können. Wer mit harter Ruderlage, also in einem spitzen Winkel, in einen Aufschießer fährt oder sich schon kurz vorher die Schoten loswerfen lässt, vermindert noch zusätzlich die Fahrt des Bootes. Das kann jedoch mitunter die Rettung für eine zu kurze Aufstoppstrecke sein.

Auch wer einmal kurz den Druck aus den Segeln nehmen muss, um etwas zu klarieren, wer reffen will oder einem Kurshalter Raum geben muss, fährt einen Aufschießer – wenn auch nicht bis zum Stillstand. Außerdem ist ein Aufschießer bereits die halbe Wende, was ihn zu so einem wichtigen Manöver macht.

TIPP

Wahrer Wind

Der Kurs „Im Wind", also die Richtung beim Aufschießer und die Suche nach dem Startpunkt in Lee des Ziels, orientiert sich am wahren, sprich an den Wellen erkennbarem, Wind. Im rechten Winkel zu den Wellen steht ein Boot im Wind. Der Verklicker und die Windbändsel eines mit halbem Wind fahrenden Bootes zeigen hingegen den vorlicheren scheinbaren Wind an. Wer sich also an diesen orientiert, wähnt sich zu früh in Lee des Ziels.

TIPP

Aufstoppstrecke I

Die Länge der Aufstoppstrecke eines Bootes, also ungefähr zwei bis drei Bootslängen, ist grundsätzlich immer gleich lang – auch bei unterschiedlichen Windstärken. Denn es gilt: Viel Wind bedeutet viel Geschwindigkeit, aber auch viel Gegenwind beim Aufschießer. Wenig Wind bedeutet wenig Fahrt, aber auch wenig bremsenden Gegenwind. Dass trotzdem keine zwei Aufschießer genau gleich ausfallen, liegt an Faktoren wie Steuerverhalten, Zeitpunkt und Tempo des Loswerfens der Schoten und daran, ob der Aufschießer aus voller oder aus wenig Fahrt heraus gefahren wird.

TIPP

Aufstoppstrecke II

Wer den Startpunkt eines Aufschießers zu weit in Lee angesetzt hat, kann nur noch durch einen stumpfen Winkel und spät gefierte Schoten versuchen, dem Boot viel Fahrt zu belassen. Wer während des Aufschießers erkennt, dass der Schwung nicht ausreichen wird, bricht das Manöver am besten ab, solange er noch Ruderwirkung hat. Ist das Boot noch zu schnell, die Strecke also zu kurz, kann der Steuermann zusätzlich das Großsegel back halten, um Fahrt aus dem Boot zu nehmen. Aber Wahrschau! Anders als das back gehaltene Vorsegel, dass den Bug in eine bestimmte Richtung drückt, beeinflusst ein back gehaltenes Großsegel das Heck.

1 Auf Halbwindkurs wird auf einen zwei bis drei Bootslängen entfernten Punkt in Lee des Ziels zugehalten.

2 Mit losgeworfener Fockschot und kurz darauf auch gefierter Großschot lenkt der Steuermann das Boot mit killenden Segeln gegen den Wind. Wartet der Steuermann mit dem Fieren seines Großsegels noch ein wenig oder holt es vielleicht sogar noch etwas dicht, unterstützt das die Drehung des Bootes. Gleichzeitig nimmt das Boot allerdings wegen des Drucks im Segel auch noch etwas Geschwindigkeit auf. Der Vorschoter und danach der Steuermann hocken sich mitschiffs.

3 Nach zwei bis drei Bootslängen – abhängig vom Bootstyp – kommt das Boot zum Stehen. Am besten sagt der Steuermann schon vorher an, in welche Richtung er nach dem Aufschießer abfallen will und auf welcher Seite dann eine back stehende Fock gebraucht wird, weil das Ruder ohne Fahrt nicht wirkt.

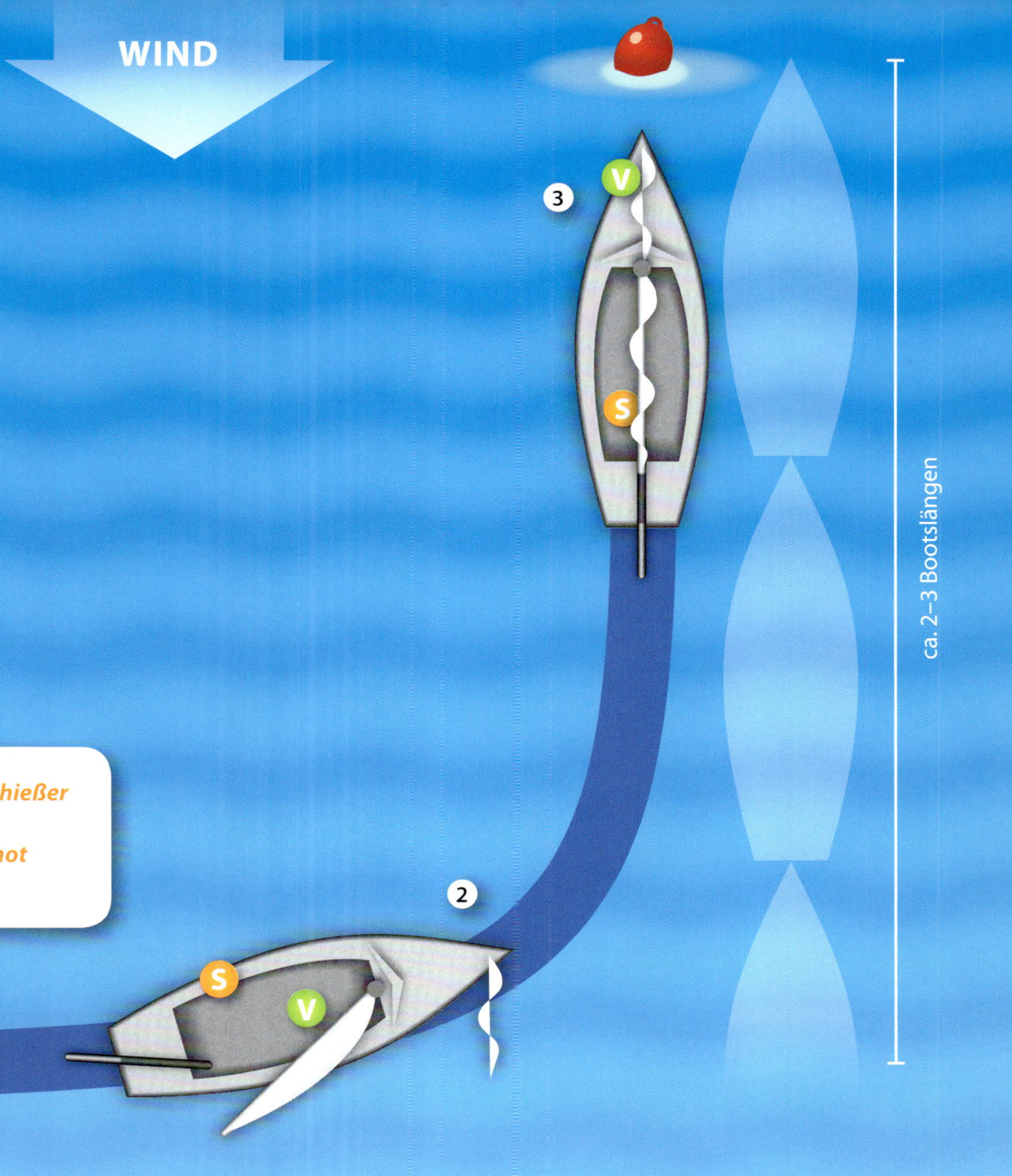

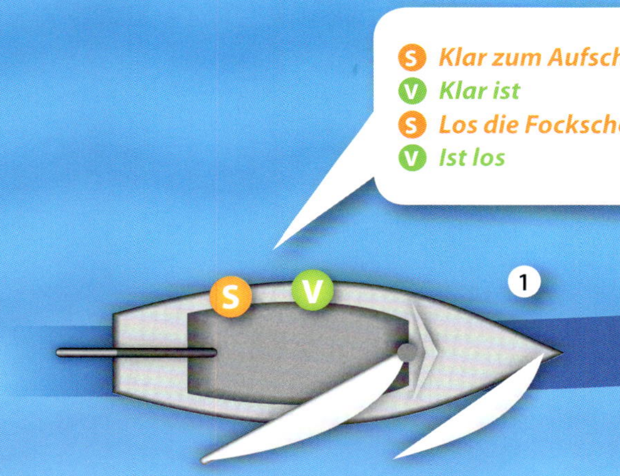

Mit dem Nahezu-Aufschießer soll das Risiko des herkömmlichen Aufschießers vermieden werden. Dies besteht darin, dass die Aufstoppstrecke zu lang geraten sein kann und das zu langsame Boot es dementsprechend nicht bis zum Ziel schafft.
Wer deutlich vor Erreichen des Punktes in Lee des Ziels seinen Kurs wechselt und die Schoten auffiert, hat zwar auch die bremsende Wirkung der killenden Segel. Aber da das Boot den Wind dadurch nicht direkt von vorn, sondern schräg von vorn hat, besteht bei zu langer verbleibender Distanz die Möglichkeit, durch Dichtnehmen der Segel etwas zusätzliche Fahrt voraus zu gewinnen.

Ein weiterer Vorteil des Nahezu-Aufschießers ist, dass der Baum nicht genau mittschiffs hin und her schlägt und man – beispielsweise beim Suchen eines zu Rettenden – den Kopf nicht tief halten muss. Auch kann man wegen des schräg von vorn kommenden Windes oft noch etwas auf der Bootskante sitzen bleiben, was das Greifen von zu rettenden Personen oder Bojen leichter macht.

Der Nachteil des Nahezu-Aufschießers ist zum einen, dass das Boot am Ende nicht direkt im Wind steht und deswegen viel früher nach Lee abfallen und abtreiben wird als nach einem regulären Aufschießer. Zum anderen reagieren Boote auf veränderte Segelstellungen immer erst mit Verzögerung. Daher braucht es einige Routine, bis man im Gefühl hat, wann und wie lange die Schoten dicht genommen werden müssen, damit das Boot beispielsweise noch eine Länge voraus Fahrt macht. Außerdem ist die Wirkung des Ruders bei diesem langsamen Vorantasten nur noch gering und umso deutlicher wirken sich ungleich dicht geholte Segel – meist ist die Fock zu dicht – auf den Kurs aus.

TIPP

Winddreher
Wer bei einem Aufschießer die Möglichkeit einkalkuliert hat, durch kurzes Dichtholen der Segel etwas Fahrt voraus zu erzeugen, darf von keiner Winddrehung überrascht werden. Denn vorlicherer Wind lässt das Dichtnehmen nutzlos werden, raumerer Wind erzeugt ungewollte Fahrt, weil auch das gefierte Großsegel dann Wind einfängt.

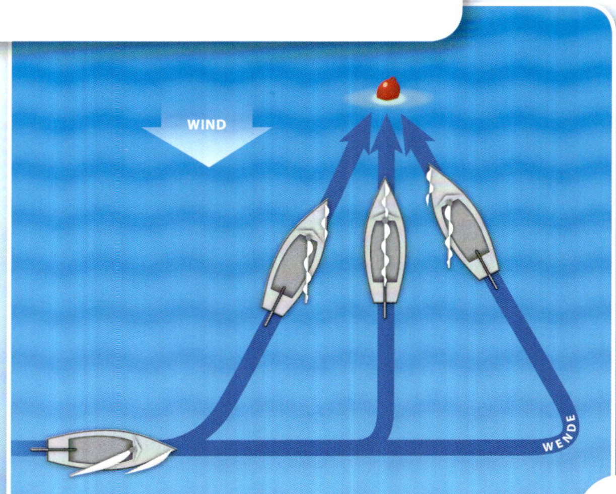

TIPP

Zweiter Versuch
Wer den Moment verpasst hat, in dem das Ziel 45° in Luv peilt, kann entweder in Lee des Ziels einen regulären Aufschießer mit killenden Segeln fahren. Oder er fährt weiter auf Halbwindkurs und fährt einen Nahezu-Aufschiesser, sobald das Ziel 45° achteraus peilt. Dann allerdings ist das Manöver zwangsläufig mit einer Wende verbunden, die grundsätzlich viel Fahrt kostet. Das macht diese Art des Nahezu-Aufschießers zu einer Notlösung.

1 Aus dem Halbwindkurs heraus erfolgt der Kurswechsel, wenn das Ziel etwa 45° in Luv liegt.

2 Mit gefierten Schoten und killenden Segeln fährt das langsamer werdende Boot aus seinem Schwung heraus in Richtung Ziel.

3 Wenn das Boot die Strecke nicht schaffen sollte, lässt der Steuermann die Fock kurz dicht nehmen und holt – wenn möglich mit einem Griff um die gesamte Schottalje – sein Großsegel ebenfalls kurz dicht.

4 Am Ziel angekommen, versucht der Steuermann mit der restlichen Ruderwirkung das Boot nun doch noch ganz in den Wind zu stellen, damit es dort möglichst lange steht.

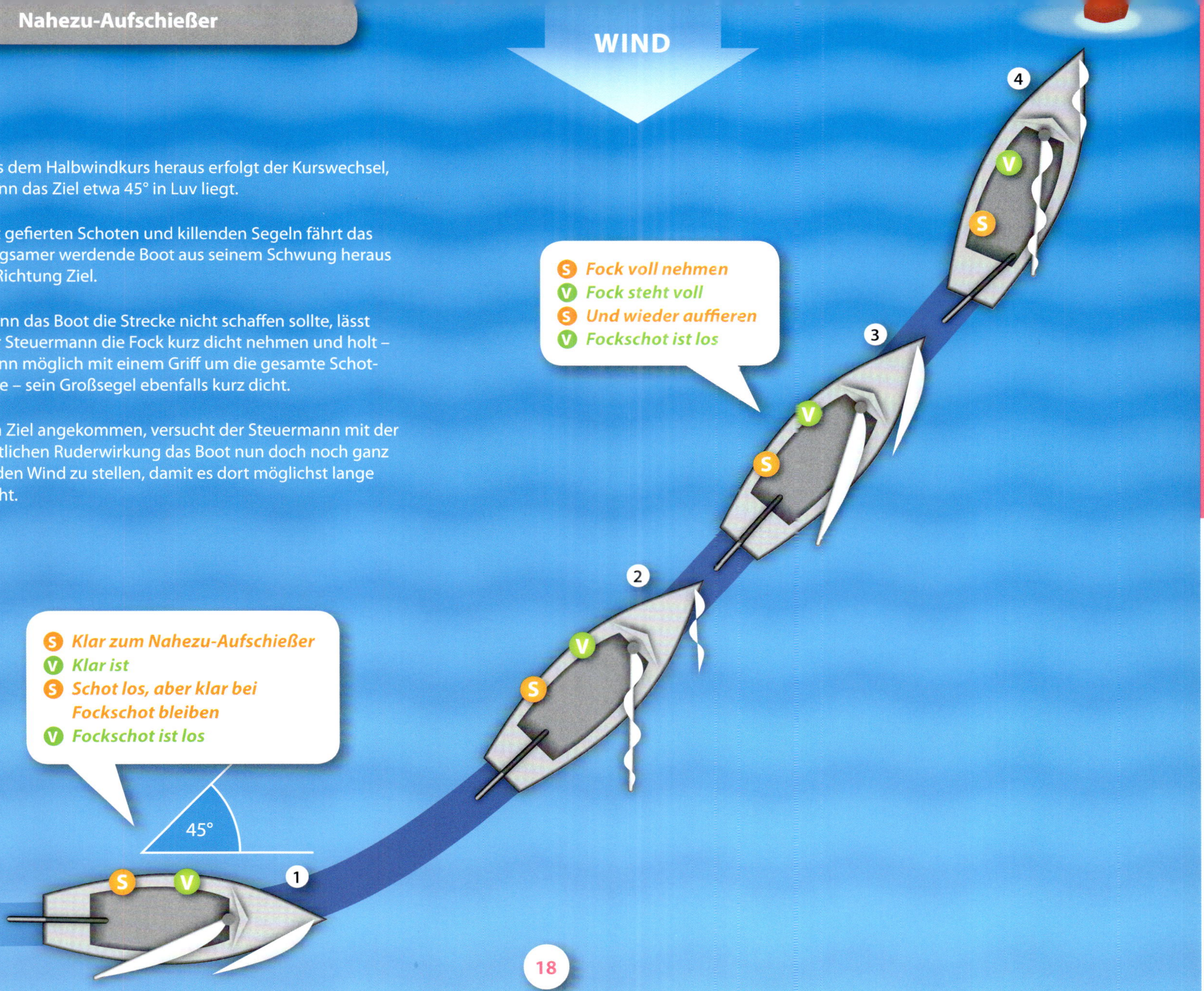

Ein Mensch-über-Bord-Manöver ist grundsätzlich ein herkömmlicher Aufschießer oder ein Nahezu-Aufschießer, an dessen Ende das Boot allerdings sehr präzise an einem ganz bestimmten Punkt zum Stehen gebracht werden muss. Und zwar wenigstens so lange, wie man braucht, um einen Palstek um den Bauch des zu Rettenden zu knoten.

Einen Aufschießer beginnt man bekanntlich zwei bis drei Bootslängen in Lee des Ziels. Wer die zu rettende Person auf einem Vorwindkurs verloren hat, ist danach automatisch in Lee des zu Rettenden. Wer die Person aber auf einem Halbwindkurs oder Amwindkurs verloren hat, ist für einen Aufschießer noch zu weit in Luv. Deswegen muss dieser Bootsführer nach dem Über-Bord-Gehen direkt abfallen, um schnellstmöglich weit nach Lee zu gelangen.

Jetzt steht die Entscheidung an, ob die Person nach einer Wende – in diesem Fall einer Q-Wende – oder nach einer Halse wieder an Bord genommen werden soll. Bei einer Halse entsteht automatisch genug Weg nach Lee, nach einer Q-Wende muss wegen des dabei abermals nach Luv gefahrenen Weges, wieder deutlich nach Lee abgefallen werden. So erreicht man die Tiefe in Lee, aus der heraus der Aufschießer oder Nahezu-Aufschießer gut zu fahren ist.

Zwar ist es grundsätzlich gleichgültig, ob man nach dem Über-Bord-Gehen eines Mitseglers per Halse oder per Q-Wende an den Anfang der Aufstoppstrecke gelangt. Da man im wahren Leben aber dann nicht eine Boje, sondern einen Vorschoter weniger hat, empfiehlt sich das für eine einzelne Person leichter zu fahrende Manöver der Q-Wende.

TIPP

Mit ausgestrecktem Arm

Das Abfallen, die Q-Wende oder Halse und das Finden des Kurses zurück sind anspruchsvoll und lassen eine ungeübte Person schnell die Peilung zur über Bord gefallenen Person verlieren. Außerdem ist ein Menschenkopf meist kleiner als die Wellen. Deswegen wird die dem Steuermann am dichtesten stehende Person – in der Prüfung der Vorschoter – laut und deutlich dazu aufgefordert, mit ihrem ausgestreckten Arm immer auf die über Bord gefallene Person zu zeigen.

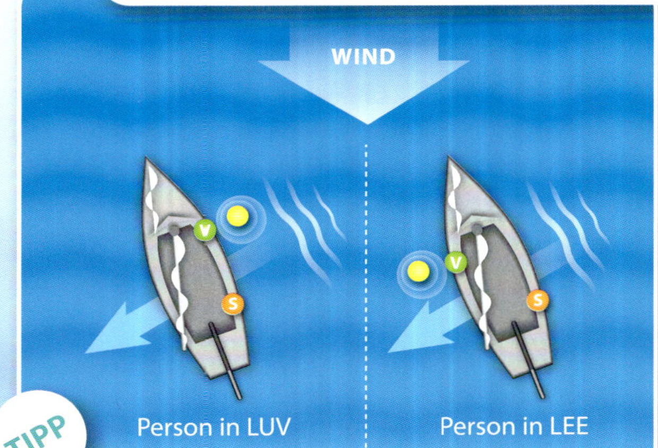

TIPP

Aufnehmen an …

Das Aufnehmen der über Bord gefallenen Person ist am bequemsten, wenn der Vorschoter beim Hinunterbeugen zum Wasser auf der Luvseite sitzen bleiben kann, da das Boot so am wenigsten krängt und der Vorschoter ohne die killende Fock einen freien Blick hat. Für eine Aufnahme in Lee spricht, dass das Boot zur Person hingedrückt wird. Wichtig ist aber vor allem, dass der Steuermann sich rechtzeitig für eine Seite entscheidet.

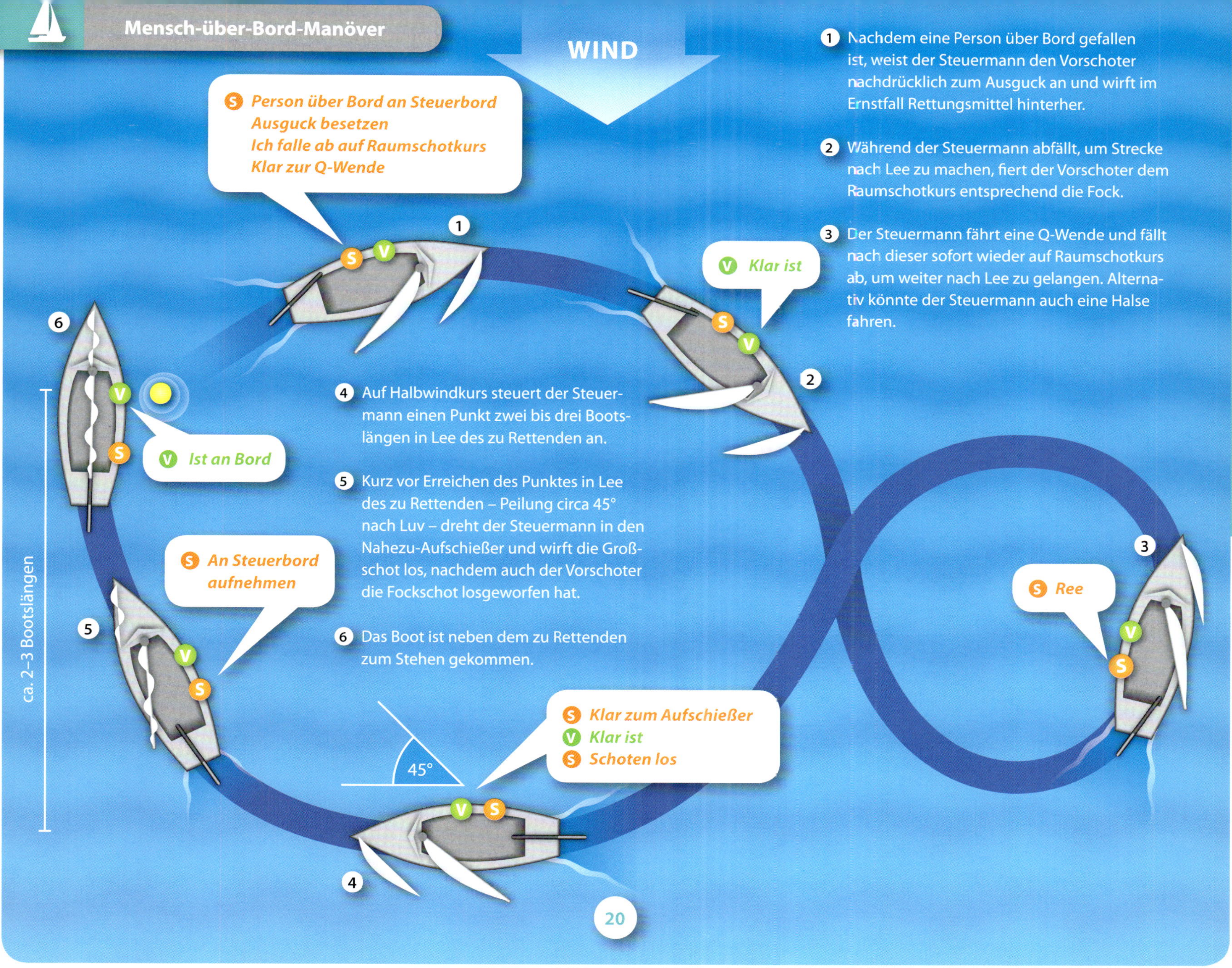

1 Nachdem eine Person über Bord gefallen ist, weist der Steuermann den Vorschoter nachdrücklich zum Ausguck an und wirft im Ernstfall Rettungsmittel hinterher.

2 Während der Steuermann abfällt, um Strecke nach Lee zu machen, fiert der Vorschoter dem Raumschotkurs entsprechend die Fock.

3 Der Steuermann fährt eine Q-Wende und fällt nach dieser sofort wieder auf Raumschotkurs ab, um weiter nach Lee zu gelangen. Alternativ könnte der Steuermann auch eine Halse fahren.

4 Auf Halbwindkurs steuert der Steuermann einen Punkt zwei bis drei Bootslängen in Lee des zu Rettenden an.

5 Kurz vor Erreichen des Punktes in Lee des zu Rettenden – Peilung circa 45° nach Luv – dreht der Steuermann in den Nahezu-Aufschießer und wirft die Großschot los, nachdem auch der Vorschoter die Fockschot losgeworfen hat.

6 Das Boot ist neben dem zu Rettenden zum Stehen gekommen.

Unter Reffen versteht man eine Verkleinerung der Segelfläche und damit der Angriffsfläche des Windes. Jollen müssen reffen, weil sie umkippen, sobald sie zu viel Wind in die Segel bekommen. Dass auch große Boote, die wegen ihres Ballastes nicht umkippen können, reffen müssen, hat damit zu tun, dass beim schräg liegenden Boot die senkrechte Fläche, die gegen die Abdrift wirkt, verkürzt wird.

Auf Halbwindkursen kann man zu viel Wind parieren, indem man die Segel weit offen fährt. Wer aber sein Großsegel dicht nehmen muss, weil er nur auf einem Amwindkurs in den Hafen oder zu einem zu Rettenden gelangen kann, muss reffen, da durch das dicht genommene Großsegel die Gefahr einer Kenterung besteht. Anderenfalls könnte man auf Raumschot- oder Vorwindkursen nur unter der Fock bequemer ablaufen.

Das Reff-Manöver ist auf dem Wasser deshalb so anspruchsvoll, weil man das beim Reffen entlastete und gefierte Großsegel eigentlich braucht, um das Boot mit Fahrt voraus zu kontrollieren. Also geht es darum, beim Reffen entweder nur mit der Fock Fahrt zu behalten oder das Manöver während eines Aufschießers durchzuführen. Letzteres muss allerdings zügig geschehen. Darum lohnt es sich, das Manöver vorher detailliert zu besprechen, damit später jeder Handgriff beherrscht wird.

Zum Ausreffen fährt man ebenfalls einen Aufschießer. Die einzelnen Schritte werden jedoch in umgekehrter Reihenfolge durchgeführt: zuerst andirken, dann die Reffbändsel lösen, das Fall entlasten und die Kausch am Hals lösen, Fall wieder durchsetzen, Refftalje fieren und damit das Schothorn freigeben, abdirken, abfallen, segeln.

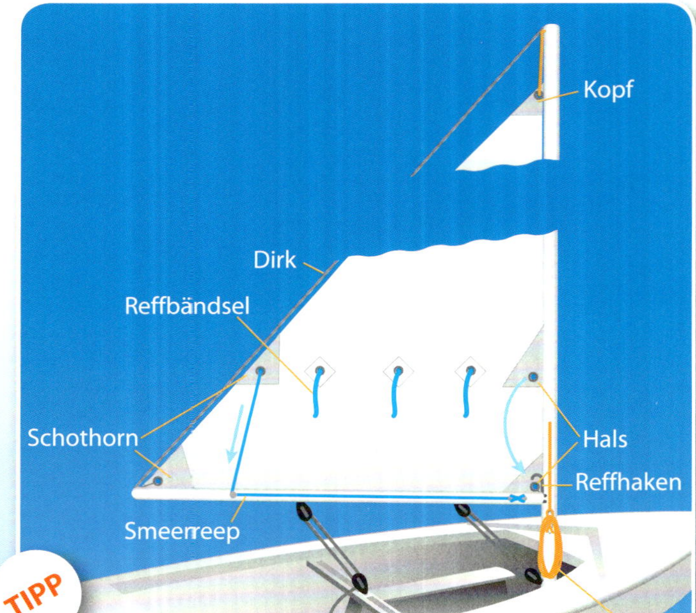

TIPP

Reffen

Die auf das Großsegel wirkenden Windkräfte werden nur über Kopf, Hals und Schothorn abgetragen. Dass an diesen Punkten des Segels Kräfte abgetragen werden dürfen, erkennt man schon an den Aufdopplungen, mit denen der Segelmacher das Segel verstärkt hat. Die Reffbändsel dürfen keine Kraft übernehmen, sie sollen nur das nach dem Reffen überschüssige Segeltuch klarieren.

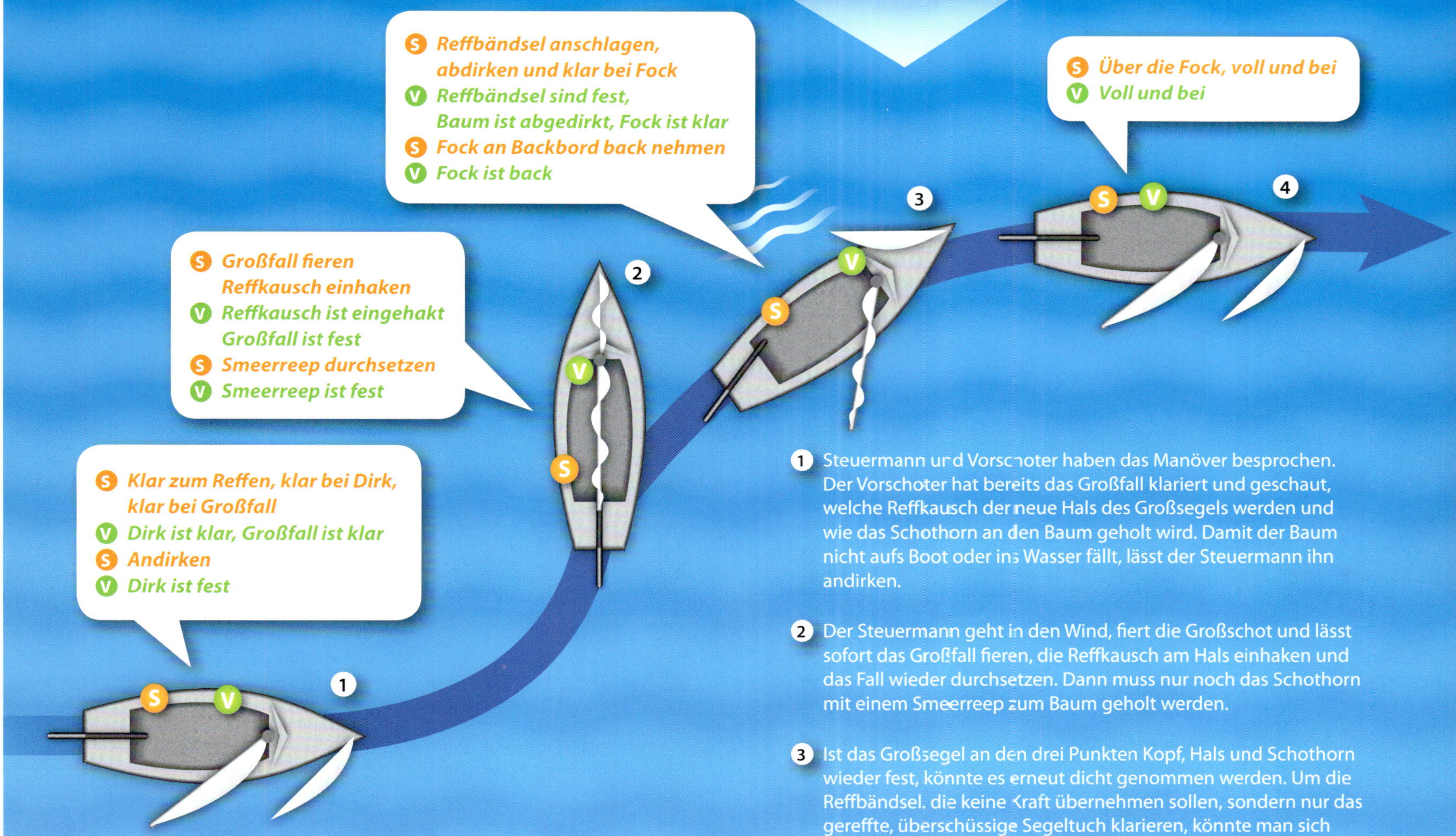

1. Steuermann und Vorschoter haben das Manöver besprochen. Der Vorschoter hat bereits das Großfall klariert und geschaut, welche Reffkausch der neue Hals des Großsegels werden und wie das Schothorn an den Baum geholt wird. Damit der Baum nicht aufs Boot oder ins Wasser fällt, lässt der Steuermann ihn andirken.

2. Der Steuermann geht in den Wind, fiert die Großschot und lässt sofort das Großfall fieren, die Reffkausch am Hals einhaken und das Fall wieder durchsetzen. Dann muss nur noch das Schothorn mit einem Smeerreep zum Baum geholt werden.

3. Ist das Großsegel an den drei Punkten Kopf, Hals und Schothorn wieder fest, könnte es erneut dicht genommen werden. Um die Reffbändsel, die keine Kraft übernehmen sollen, sondern nur das gereffte, überschüssige Segeltuch klarieren, könnte man sich auch bei einem späteren Aufschießer kümmern. Sobald die Dirk wieder gefiert ist, lässt der Steuermann die Fock back nehmen, um aus dem Wind zu kommen und abzufallen.

4. Durch die auf der einen Seite back stehende Fock fällt das Boot zur anderen Seite hin ab.

Beim Anlegen unter Segeln geht es darum, dass das Boot zum Stehen kommt, am besten einen Schritt vor dem Steg. Dafür muss das Boot im Wind stehen, den Wind also von vorn haben, sodass die Segel frei killen können und den Wind nicht mehr in Fahrt umsetzen. Je nach Windrichtung muss dafür mit dem Bug zum Steg oder längsseits angelegt werden. Kommt der Wind so ungünstig, dass es keinen Weg zum Steg gibt, auf dem der Wind schlussendlich von vorn kommen wird, sollten die Segel draußen auf dem Wasser geborgen und die Reststrecke – nun mit Rückenwind – zum Steg gepaddelt werden.

Das Anlegen gegen den Wind, mit dem Bug oder längsseits zum Steg, ist nichts anderes als ein Aufschießer, zu dem etwas Leinenarbeit hinzukommt. Wie beim Aufschießer geht es darum, den Anfang und die Länge der Aufstoppstrecke einzuschätzen, damit das Boot weder zu schnell noch gar nicht zum Steg gelangt. Ob das Boot gegen den Wind mit killenden Segeln noch zwei, drei oder sogar vier Bootslängen zurücklegen kann, sollte man am besten vorher – beispielsweise an einer Boje – ausprobieren.

Gerade beim Anlegemanöver lohnt es sich, mit dem Vorschoter auch einen Plan B besprochen zu haben: Was machen wir, wenn es nicht bis zum Steg reicht? Wohin fallen wir dann ab? Wo muss die Fock in diesem Fall back stehen?

TIPP

Fuß weg!

Die Versuchung, den Bug des Bootes vor dem Steg zu retten, indem man das Boot mit dem Fuß abhält, ist groß. Trotzdem sollte man dies unbedingt unterlassen! Besser ist es, einen Fender zur Hand zu haben und diesen dazwischenzuhängen.

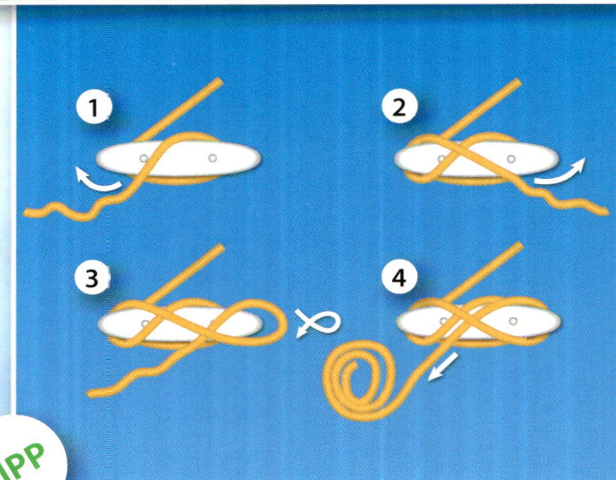

TIPP

„Fest" versus „Belegen"

Beim Belegen einer Klampe soll durch die Wicklungen einer Leine möglichst viel Reibung erzeugt werden. Darum sollte die ankommende Leine in die Diagonale übergehen, um sich zu bekneifen.

„Fest" und „Belegen" sind zwei verschiedene Kommandos. (1) „Fest" bedeutet nur, dass die Leine in dem momentanen Zustand bleiben soll. (2) (3) (4) „Belegen" heißt dagegen, dass die mit einem Kopfschlag gesicherte Leine richtig befestigt ist.

1 Steuermann und Vorschoter haben das Anlegemanöver und einen eventuellen Plan B, falls das Manöver abgebrochen werden muss, besprochen. Der Vorschoter hat Vor- und Achterleine bereitgelegt. Wie beim Aufschießer wird der Punkt auf Halbwindkurs zwei bis drei Bootslängen in Lee des Ziels angesteuert.

2 Nachdem auch der Steuermann die Großschot aufgefiert hat und mit killenden Segeln in den Wind steuert, begibt sich der Vorschoter mit der angeschlagenen Vorleine aufs Vorschiff. Sollte der Steuermann die Strecke des Aufschießers zu kurz geschätzt haben – das Boot also noch zu viel Fahrt machen –, kann er das Groß am Baum nach vorn gegen den Wind drücken, es also back halten, um so die Fahrt zu verringern.

3 Je nachdem wie Steuermann und Vorschoter sich abgesprochen haben, steigt der Vorschoter entweder nach eigener Einschätzung oder erst auf das Kommando des Steuermanns hin mit der Vorleine auf den Steg über und legt das Ende der Vorleine um eine Klampe oder einen Poller.

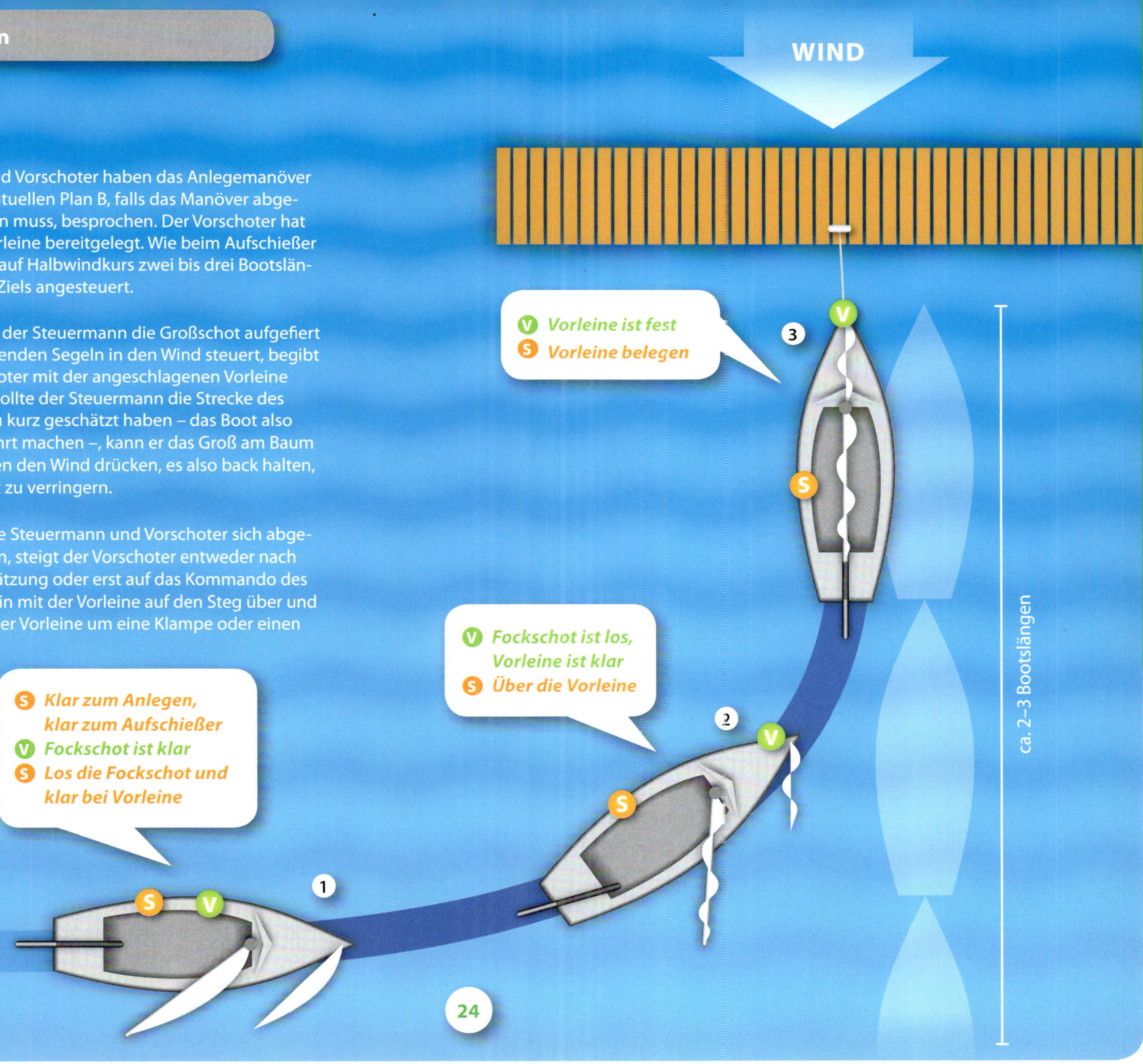

Beim Anlegen längsseits geht es darum, mit der Situation zurechtzukommen, dass die Windrichtung oder andere Boote den Bootsführer dazu zwingen, den Aufschießer parallel zum und eng am Steg zu fahren. Da dort aber oft noch andere Boote liegen, sollte man damit rechnen, keine zwei bis drei Bootslängen Aufstoppstrecke für den Aufschießer zur Verfügung zu haben. Dann kann es sein, dass die restliche Fahrt vom auf den Steg gesprungenen Vorschoter mit der Achterleine abgebremst werden muss. Würde man das Boot mit der Vorleine bremsen, würde das Heck vom Steg wegschwingen.

Um mit so wenig Fahrt wie möglich den Aufschießer zu fahren, kann der Steuermann die Fockschot auch schon früher loswerfen lassen und dadurch Fahrt aus dem Boot nehmen. Der Vorschoter stellt sich mittschiffs bereit, um an der breitesten Stelle des Bootes auf den Steg übersteigen zu können. Macht das Boot noch Fahrt voraus, nachdem der Vorschoter übergestiegen ist, ist die Achterleine die erste, die er sich reichen lässt. Steht das Boot und will rückwärtstreiben, ist die Vorleine an der Reihe.

Das Aufstoppen eines Bootes über eine Achterleine ist eine Kunst. Der Vorschoter muss sich dazu schon während des Anlegens eine Klampe oder einen Poller ausgesucht haben. Daran versucht er anschließend nur so viel Reibung entstehen zu lassen, dass das Boot sanft abgebremst wird. Nicht soviel, dass die Leine blockiert, aber auch nicht so wenig, dass sie nicht zu halten ist.

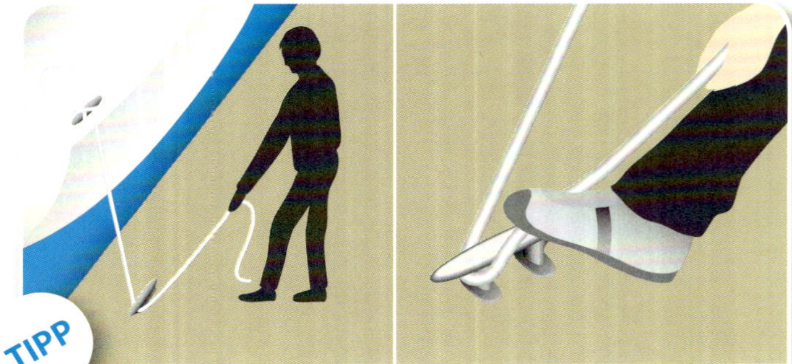

TIPP

Aufstoppen mithilfe einer Leine
Um ein Boot gefühlvoll aufzustoppen, kann man die Reibung einer Leine an einer Klampe nutzen. Reicht die Reibung nicht aus, kann man zusätzlich noch einen Fuß auf die Klampe stellen. Niemals jedoch sollte man versuchen, die Leine zum Boot frei aus den Händen zu führen!

TIPP

Aufstoppen mithilfe der Segel
Um die restliche Fahrt des Bootes mit dem back gehaltenen Großsegel zu verringern, drückt man das Groß nach der dem Steg abgewandten Seite.

Neben dem Effekt des Aufstoppens wird dadurch auch das Heck zum Steg gedrückt. Zusätzlich kann der Vorschoter vor dem Verlassen des Bootes die Fock – ebenfalls auf der dem Steg abgewandten Seite – back setzen.

1 Steuermann und Vorschoter haben das Anlegemanöver, das eventuelle Abbremsen und einen Plan B – falls das Manöver abgebrochen werden muss – besprochen. Der Vorschoter hat Vor- und Achterleine angeschlagen und die Fender an der zum Steg gewandten Seite ausgebracht.

2 Groß- und Fockschot werden losgeworfen. Nach dem Loswerfen der Fockschot begibt sich der Vorschoter zur breitesten Stelle des Bootes, um von dort auf den Steg überzusteigen.

3 Nachdem der Vorschoter auf den Steg übergestiegen ist, bekommt er vom Steuermann die Achterleine gereicht und lässt diese aus der Hand um eine achterlicher als das Boot gelegene Klampe oder einen Poller laufen. Falls noch zu viel Fahrt im Boot ist, stoppt der Vorschoter es mittels der Achterleine auf. Sobald das Boot gestoppt ist, muss schnell die Vorleine belegt werden, da diese das Boot gegen den Wind halten und somit ein Rückwärtstreiben verhindern soll.

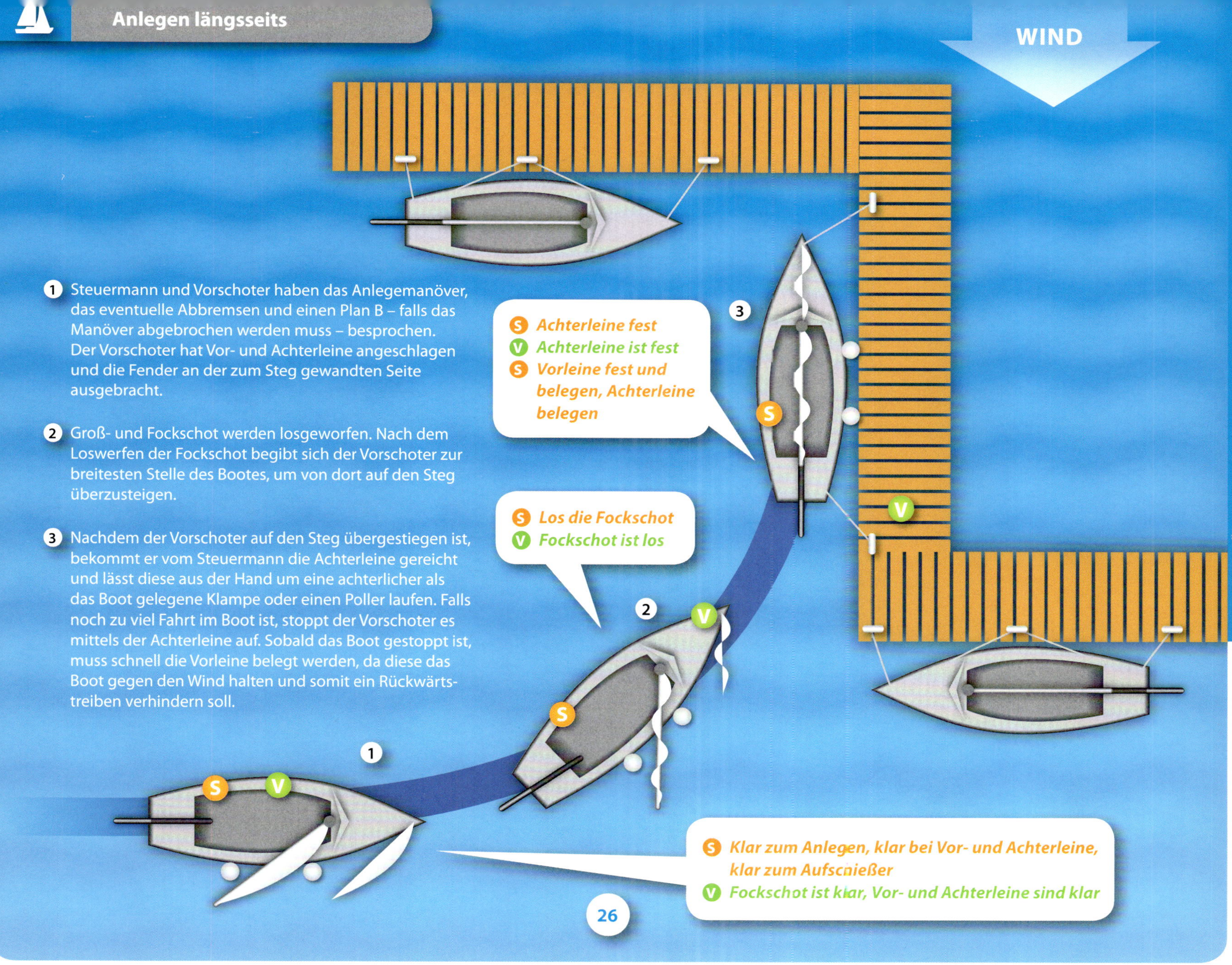

Manöver

Die folgenden Manöver unter Maschine sind die der SBF-Binnen-Motor- sowie der SBF-See-Prüfung. In der SBF-See-Prüfung kommen zusätzlich das Fahren nach Kompass und das Peilen von Objekten mit dem Kompass dazu. Die Maschinenmanöver leben allesamt von dem Zusammenspiel von Propellerschub, dem sogenannten Radeffekt, der Ruderlage und – beim An- und Ablegen – der Leinenarbeit. Der Prüfer ist jetzt – anders als bei der Segelprüfung – mit an Bord und sagt an, was er vom Prüfling sehen möchte. Um Missverständnisse zu vermeiden, lohnt es sich, das Gehörte zu wiederholen.

Prüfung

Das Mensch-über-Bord-Manöver, das An- und Ablegen, das Fahren nach Kompass sowie das Peilen sind die vier Pflichtmanöver, die alle bestanden werden müssen. Von den übrigen Manövern bzw. Fertigkeiten wie Aufstoppen, Wenden, Steuern nach Schifffahrtszeichen, Anlegen einer Rettungsweste oder eines Sicherungsgurts werden zwei Teile geprüft, von denen einer bestanden werden muss. Von den insgesamt sechs gestellten Knoten müssen fünf korrekt ausgeführt werden.

Kommandos

Die Kommandos sind beim Motorbootfahren spärlicher als beim Segeln, da der Steuermann Antrieb und Steuer gleichzeitig bedient. Bei denjenigen Manövern, die ein Zusammenspiel zwischen Steuermann und Mannschaft erfordern, z. B. beim An- und Ablegen, sollte auch hier ein Wechsel zwischen Ansage und Rückmeldung benutzt werden. Insbesondere beim Mensch-über-Bord-Manöver ist eine gute Kommunikation notwendig. Daher sollte man sie für beide Seiten klar und verständlich gestalten.

Propeller

Abhängig vom Bootstyp drehen einige Propeller bei Vorwärtsfahrt links-, andere rechtsherum. Nach dieser Drehrichtung während der Vorwärtsfahrt – betrachtet von achtern – werden die Propeller benannt. Es gibt also linksdrehende und rechtsdrehende Propeller.

Radeffekt

Sobald sich der Propeller dreht, entwickelt er zusätzlich zu der Bewegung nach vorn oder zurück auch eine seitliche Bewegung, als liefe er dabei wie ein Rad über den Meeresgrund. Dieses Phänomen nennt man Radeffekt. Dreht sich der Propeller beispielsweise rechtsherum, wird das Heck nach Steuerbord versetzt, wodurch der Bug nach Backbord versetzt wird.

Dreht der Propeller rechtsherum, versetzt er das Heck nach Steuerbord, und der Bug dreht nach Backbord.

Radeffekt und Ruderwirkung

Der Radeffekt ist in beiden Fahrtrichtungen grundsätzlich gleich stark. Erst durch das Zusammenwirken mit dem Ruderblatt, das meist achterlicher als der Propeller sitzt, entsteht ein erheblicher Unterschied zwischen dem Radeffekt in der Vorwärts- und der Rückwärtsfahrt. Wenn aus dem Stand heraus der Rückwärtsgang einlegt wird, schiebt der Propeller Wasser in Richtung Bug. Dabei wirkt das Ruder nicht, weil es ohne Fahrt noch nicht vom Wasser umströmt wird. Bis dies der Fall ist, greift also allein der Radeffekt.

Wird aber der Vorwärtsgang eingelegt, wirkt das Ruder auch ohne Fahrt des Bootes, denn es bekommt sein Wasser in diesem Fall vom Propeller zugeleitet. Dies hat zur Folge, dass das Boot direkt auf das Ruder reagiert. Grundsätzlich ist die Wirkung eines angeströmten Ruderblatts erheblich stärker als der Radeffekt.

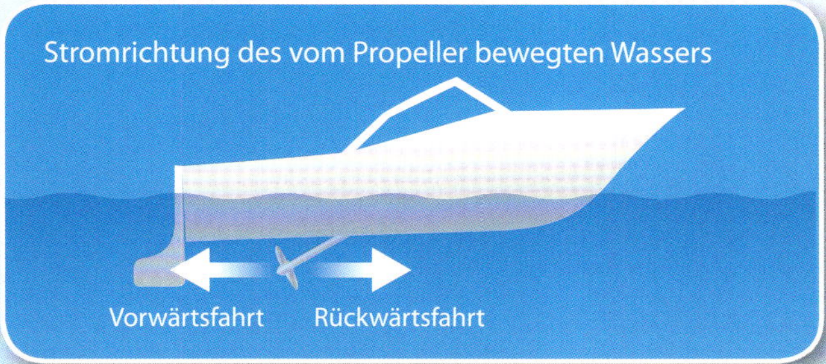

Gegen Wind und Strom

Reagieren zwei Dinge, die zusammen gebracht werden sollen, unterschiedlich auf Wind und Strom – beispielsweise Boot und Kaimauer – müssen diese Faktoren unbedingt berücksichtigt werden. Das Anlegen an einer Kaimauer ist grundsätzlich einfacher, wenn der Strom von vorn kommt. Beim Boje- bzw. Mensch-über-Bord-Manöver reagieren Boot und Boje bzw. Mensch auf den Strom gleich. Hier lohnt es sich also, stärker auf den Wind zu achten und das Manöver möglichst gegen den Wind zu fahren, weil der von vorn kommende Wind den Kurs des langsamer werdenden Bootes nicht so stark beeinflusst.

Vorwärts- und Rückwärtsgang, Leerlauf

Steht der Ganghebel senkrecht, ist der Propeller ausgekuppelt. Das heißt, dass sich bei laufender Maschine der Propeller nicht bewegt. Kippt man den Ganghebel aus dieser Position heraus nach vorn, kuppelt der Propeller ein. Je weiter der Ganghebel nach vorn gedrückt wird, desto höher wird die Drehzahl. Beim Rückwärtsfahren verhält es sich genauso.

Durch Drücken des Knopfes in der Mitte des Ganghebels wird ebenfalls ausgekuppelt. Dadurch kann man mehr Gas geben, ohne dass der Propeller eingekuppelt ist. Dies kann zum Beispiel nützlich sein, um den Motor warm laufen zu lassen.

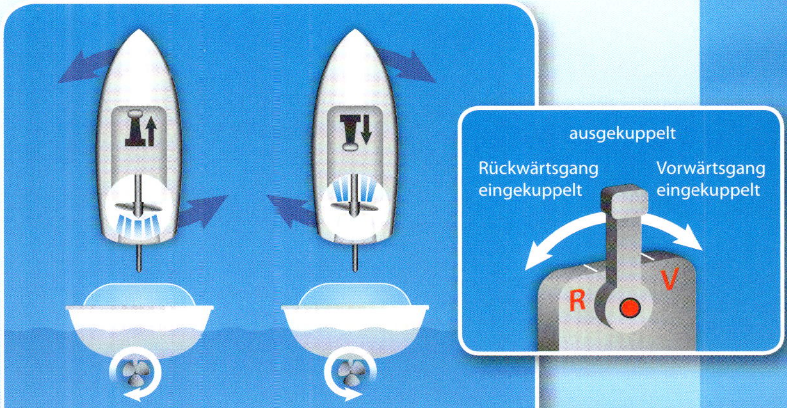

Ein Boot mit rechtsdrehendem Propeller und mittschiffs stehendem Ruder im eingekuppelten Vorwärts- und im Rückwärtsgang.

Sofern der Prüfer keine konkreten Vorgaben macht, hat der Bewerber selbstständig unter Berücksichtigung von Verkehrs-, Platz-, Strömungs- und Windverhältnissen abzulegen.

Beim Manöver „Ablegen unter Motor" geht es vor allem darum, das Heck von der Kaimauer freizubekommen, was insbesondere bei auflandigem Wind notwendig ist.

Um die Festmacherleinen – bis auf die Vorspring – vor dem Beginn des Manövers in Ruhe an Bord nehmen zu können und das Boot dabei unter Kontrolle zu haben, bringt man es vor dem Ablegen zunächst in einen stabilen Zustand. Dieser entsteht durch das Zusammenspiel von Vorspring, vorwärts laufendem Propeller und Ruderlage, die das Heck zum Land drückt. Aus diesem stabilen Zustand heraus wird dann das Ablegemanöver gefahren.

Das notwendige Wegschwenken des Hecks erreicht man, indem man mit laufendem Propeller in Vorwärtsfahrt gegen die eigene Vorspring anfährt. Dabei muss das Ruder so gelegt werden, dass das Wasser vom Propeller in der Art gegen das Ruderblatt strömt, dass das Heck vom Land wegschwenkt. Das Boot kann dabei wegen der Spring nicht vorwärtsfahren, das Heck folgt der Lage des angeströmten Ruders. Bei diesem Manöver sollte man nicht vergessen, zwei zusätzliche Fender am Bug auszubringen, da der schmale Bug sich beim Schwenken an die Kaimauer drücken wird.

Ist das Heck weit genug weggeschwenkt, wird ausgekuppelt, und die nun entlastete Vorspring kann an Bord geholt werden. Anschließend erfolgt unter Zuhilfenahme des Rückwärtsgangs das Fahren aus der Lücke.

TIPP

Eindampfen

Viele Manöver unter Motor sind davon abhängig, dass man das Boot mit laufendem Propeller konstant gegen eine Leine anarbeiten lässt. Die Leine wirkt dabei als Bremse und als Drehpunkt. Wird – wie beim Ablegen – gegen die Vorspring angearbeitet, heißt das Manöver „Eindampfen in die Vorspring". Entscheidend dabei ist die Ruderlage, denn das Ruderblatt wird vom aufgewirbelten Wasser des Propellers umströmt und wirkt entsprechend.

TIPP

An- und Abschwenken

Wer aus dem durch Vorspring, Vorwärtsgang und entsprechende Ruderlage resultierenden stabilen Zustand, bei dem das Heck zum Land gedrückt wird, heraus ablegt, kann das Manöver nötigenfalls jederzeit wieder abbrechen, indem er das Ruder abermals in diese Richtung umlegt. Dann schwenkt das Heck wieder zum Land zurück. Erst wenn die Vorspring gelöst ist, gibt es auf diese Weise kein Zurück mehr.

1 Alle Leinen sind an Bord genommen. Nur die Vorspring ist zunächst noch fest, und der Propeller arbeitet in Vorwärtsfahrt dagegen an. Nachdem der Steuermann Ruder gelegt hat, beginnt das Heck von der Kaimauer wegzuschwenken.

2 Der Steuermann hat das Heck mit laufendem Propeller solange weiterschwenken lassen, bis das Boot circa 45° zum Steg zeigt. Dann kuppelt er aus, um seine Mannschaft eine unbelastete Spring lösen zu lassen.

3 Nachdem die Vorspring an Bord ist, legt der Steuermann den Rückwärtsgang ein. Bis das Boot Fahrt achteraus aufnimmt, wirkt zunächst allein der Radeffekt, später allerdings auch das umströmte Ruder. Dieses sollte dann umgelegt worden sein, um den Weg des Hecks, weg vom Land, zu unterstützen.

4 Das Ruder kann in dieser Stellung bleiben, der Steuermann hat aus dem Rückwärts- in den Vorwärtsgang gekuppelt und bekommt dadurch ein sofort wirkendes Ruder.

Beim Manöver „Wenden auf engem Raum" geht es um das Zusammenspiel von Ruderlage und Radeffekt in der abwechselnden Vorwärts- und Rückwärtsfahrt. Das Boot soll gewendet, also auf den entgegengesetzten Kurs gebracht werden.

Statt allerdings allein über harte Ruderlage im Vorwärtsgang mit entsprechend großem Drehkreis auf Gegenkurs zu kommen, wird das Boot bei diesem Manöver nahezu auf der Stelle gedreht. Wer beispielsweise im Hafen bis ans Ende einer Boxengasse gefahren ist, keinen Liegeplatz gefunden hat und vorwärts wieder herausfahren möchte, wird sich dieses Manövers bedienen.

Wenn man also nicht genug Platz hat, um in der reinen Vorwärtsfahrt zu drehen, muss – beispielsweise vor der Kaimauer – aufgestoppt werden. Da dabei ohnehin gebremst werden muss, ist es vorteilhaft, wenn der Radeffekt im bremsenden Rückwärtsgang das Heck in die Richtung versetzt, in die das Boot drehen soll.

Das Elegante an diesem Manöver ist, dass die Ruderlage gleich bleiben kann. Für die Vorwärtsfahrt muss das Ruder die Drehung erzeugen, aber im bremsenden Rückwärtsgang ist die Ruderlage im Prinzip gleichgültig, da das Ruder wegen der geringen Fahrt kaum wirkt. Man lässt also nur den Propeller abwechselnd im Vorwärts- und Rückwärtsgang laufen.

TIPP

Rechtsherum über Steuerbord

Für ein Boot, dessen Propeller in der Vorwärtsfahrt rechtsherum dreht, ist die günstigste Drehrichtung für das Wenden auf engem Raum diejenige über Steuerbord. Denn um auf engem Raum zu bleiben, muss man aufstoppen. Dabei versetzt der Radeffekt das Heck in die gewünschte Richtung. Boote mit linksdrehenden Propellern drehen dementsprechend am besten linksherum.

TIPP

Vor und Zurück

Je nach Drehfreudigkeit des Bootes ist das Manöver „Wenden auf engem Raum" mit zwei- bis viermal Vor und Zurück zu schaffen. Weniger drehfreudige Boote stoppt man besser erst ganz auf, bevor man das Manöver beginnt.

TIPP

Getriebe schonen

Der mehrfache Wechsel vom Vorwärts- in den Rückwärtsgang lässt das Getriebe schneller verschleißen. Am besten ist es daher, ungefähr eine Sekunde in dem dazwischen liegendem Leerlauf – senkrechte Stellung des Ganghebels –zu verweilen und erst dann in den jeweils anderen Gang zu schalten.

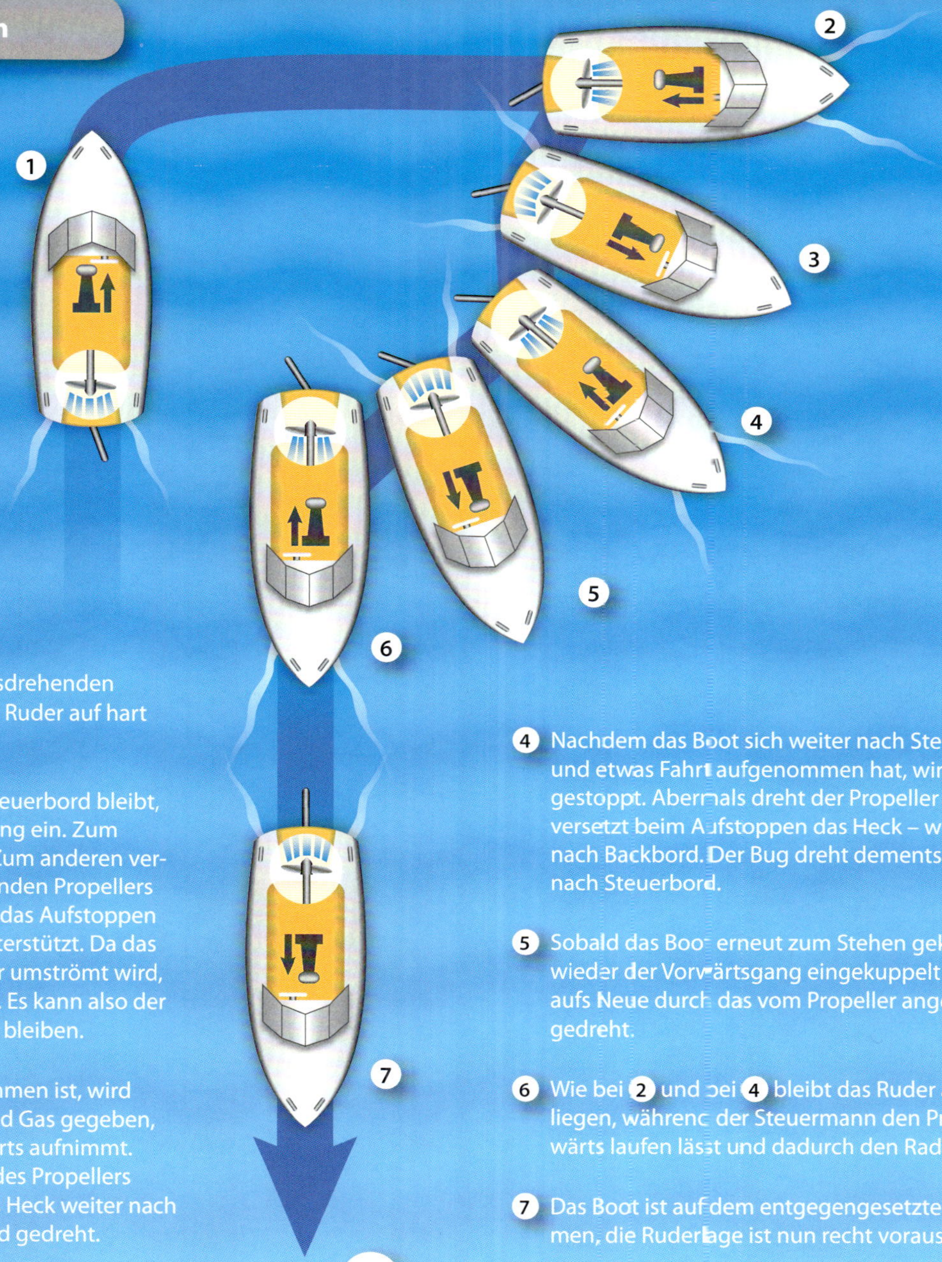

1 Da das Boot in diesem Fall einen rechtsdrehenden Propeller hat, legt der Steuermann das Ruder auf hart Steuerbord.

2 Während das Ruder in der Lage hart Steuerbord bleibt, legt der Steuermann den Rückwärtsgang ein. Zum einen wird das Boot nun aufstoppen. Zum anderen versetzt der Radeffekt des nun linksdrehenden Propellers das Heck des Bootes nach links. Durch das Aufstoppen wird die gewünschte Drehung also unterstützt. Da das Ruder dabei ohnehin kaum von Wasser umströmt wird, ist dessen Lage im Prinzip gleichgültig. Es kann also der Einfachheit halber auf hart Steuerbord bleiben.

3 Nachdem das Boot zum Stehen gekommen ist, wird wieder der Vorwärtsgang eingelegt und Gas gegeben, und zwar bevor das Boot Fahrt rückwärts aufnimmt. Das Ruderblatt wird jetzt vom Wasser des Propellers umströmt und wirkt. Dadurch wird das Heck weiter nach Backbord und der Bug nach Steuerbord gedreht.

4 Nachdem das Boot sich weiter nach Steuerbord gedreht und etwas Fahrt aufgenommen hat, wird wieder aufgestoppt. Abermals dreht der Propeller rückwärts und versetzt beim Aufstoppen das Heck – wie gewünscht – nach Backbord. Der Bug dreht dementsprechend weiter nach Steuerbord.

5 Sobald das Boot erneut zum Stehen gekommen ist, wird wieder der Vorwärtsgang eingekuppelt und das Boot aufs Neue durch das vom Propeller angeströmte Ruder gedreht.

6 Wie bei 2 und bei 4 bleibt das Ruder auf Steuerbord liegen, während der Steuermann den Propeller rückwärts laufen lässt und dadurch den Radeffekt nutzt.

7 Das Boot ist auf dem entgegengesetzten Kurs angekommen, die Ruderlage ist nun recht voraus.

Beim kursgerechten Aufstoppen geht es darum, das Boot auch in langsamer Fahrt und im stehenden Zustand zu beherrschen. Denn der Radeffekt und das Steuerruder wirken je nach Richtung und Geschwindigkeit des Bootes verschieden.

Das Aufstoppen an sich, also das Boot mit dem Rückwärtsgang und stetigem Kontrollblick zur Kaimauer so lange zu bremsen, bis es steht, ist dabei nicht das Problem. Die eigentliche Aufgabe besteht darin, dass der Bug des Bootes nach dem Manöver noch in dieselbe Richtung zeigt wie zuvor.

Kursgerechtes Aufstoppen erreicht man zum einen, indem man mit dem rückwärts drehenden Propeller die Fahrt aus dem Boot nimmt. Je langsamer aber das Boot wird, desto geringer wird die Wirkung des Ruders und umso stärker setzt sich der Radeffekt durch. Das Heck eines Bootes mit rechtsdrehendem Propeller, der nun im Rückwärtsgang linksherum dreht, wird nach links ausbrechen. Dementsprechend wandert der Bug nach rechts.

Also besteht die Kunst des kursgerechten Aufstoppens darin, diesem zu erwartenden Ausbrechen des Hecks im Vorwege entgegenzusteuern, damit der letzte Bremsschub das Heck an den richtigen Ort zieht.

Das kursgerechte Anfahren nach dem Manöver ist dagegen vergleichsweise unproblematisch. Denn im Vorwärtsgang wird das Ruderblatt sofort vom aufgewirbelten Wasser des Propellers umströmt und wirkt dementsprechend schnell. Den Versatz des Hecks infolge des Radeffektes hat man also beim Anfahren durch etwas korrigierende Ruderlage relativ einfach wieder im Griff.

TIPP

„Boot steht“

Viele Prüfer möchten angesagt bekommen, wenn man meint, dass das Boot nun stehe, die gestellte Aufgabe also erfüllt sei. Die wenigsten Boote stehen dann tatsächlich. Bemerken kann das nur ein Steuermann, der auch eine Peilung zum Land hat. Insofern ist dieses Manöver auch eine Frage des Gesamtüberblicks des Steuermanns.

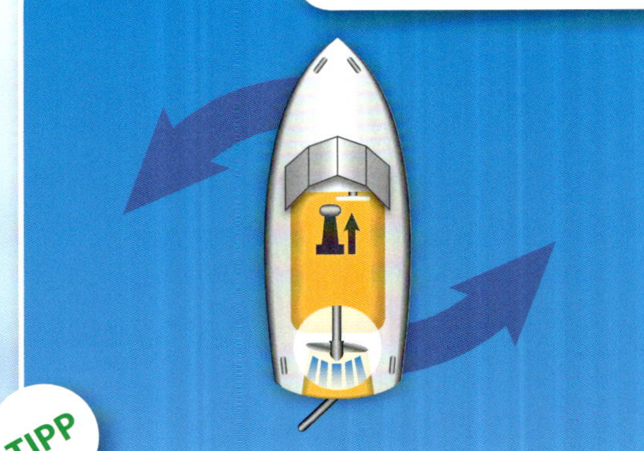

TIPP

Korrektur

Wem das mittlerweile stehende Boot leider doch deutlich aus dem alten Kurs geraten ist, kann durch harte Ruderlage und einen kurzen, aber kräftigen Schub kleine Kurskorrekturen vornehmen. Der nur kurze Schub lässt das Ruder wirken, versetzt das Boot aber noch nicht wieder in Fahrt.
Wer das Boot beispielsweise etwas nach Backbord drehen möchte, legt das Ruder hart Backbord und gibt mithilfe des Vorwärtsgangs einen kurzen, kräftigen Schub.

1. Nach der Ansage, das Boot bitte kursgerecht aufzustoppen, prägt sich der Steuermann einen vorausliegenden Orientierungspunkt an Land ein, im strömenden Gewässer den Kompasskurs.

2. Da das Heck des Bootes mit rechtsdrehendem Propeller im Rückwärtsgang nach links und der Bug nach rechts ausbrechen wird, ändert der Steuermann den Kurs ein wenig nach Backbord und kuppelt aus.

3. Der Steuermann hat den Rückwärtsgang eingelegt, das Boot wird langsamer, und der erwartete Radeffekt dreht das Boot zurück auf den alten Kurs.

4. Der Steuermann hat ausgekuppelt, das Boot steht kursgerecht aufgestoppt.

Beim Rettungsmanöver „Mensch über Bord" geht es darum, das Boot so zum Stehen zu bringen, dass der zu Rettende bei ausgekuppeltem Propeller geborgen werden kann. Da insbesondere bei größeren Booten die Boje bzw. der Mensch auf den letzten Metern vom Steuermann nicht mehr gesehen werden können, braucht es ein gutes Zusammenspiel mit einem Ausguck, der Richtung und Distanz ansagt.

Wegen der Gefahr, dass der zu Rettende mit dem laufenden Propeller in Berührung kommt, muss unmittelbar nach dem Über-Bord-gehen und auch unmittelbar vor dem Bergen ausgekuppelt werden. Anderenfalls besteht man die Prüfung nicht. Das sofortige Wegschwenken des Hecks, das Wiederholen der Meldung „Mensch über Bord" durch den Steuermann, die direkte Ansage zur Besetzung eines Ausgucks und spätere Ansage der Seite, an der der zu Rettende aufgenommen werden soll, sind Pflicht.

In vieler Hinsicht ähnelt dieses Manöver dem des kursgerechten Aufstoppens. Da man aber zuvor noch den Rückkurs zum zu Rettenden fahren muss, kommt man häufig aus einem Halbkreis in die Aufstoppstrecke – besser wäre aber eine gerade Aufstoppstrecke. Diese ist wichtig, weil das Aufstoppen sowie das Halten des Kurses zum zu Rettenden aus der Kreisbewegung heraus äußerst schwierig ist. Zum anderen sind Kurskorrekturen wegen der zunehmend geringeren Fahrt und der damit verbundenen geringen Umströmung des Ruders sehr schwierig. Deshalb hilft es, wenn das Boot vorher mit einem Impuls in Vorwärtsrichtung versehen wurde.

TIPP

Langer Arm

Um den zu Rettenden in keinem Moment aus den Augen zu verlieren, empfiehlt es sich sehr, den Ausguck zu bitten, mit dem ausgestreckten Arm auf den zu Rettenden zu zeigen. Derselbe Ausguck sollte den Steuermann auch die letzten Meter zum zu Rettenden lotsen, da diese Strecke meist vom Steuermann aus nicht mehr zu sehen ist. Die Ansage von Meter- oder Bootslängen hat sich dabei bewährt. So weiß der Steuermann genau, wann er das Boot aufstoppen muss. Wenn die Person nämlich schon neben dem Boot ist, und der Steuermann noch den Rückwärtsgang braucht, um vollends aufzustoppen, besteht man die Prüfung nicht.

TIPP

Gegen den Wind

Da der Bug eines Bootes bei Seitenwind schneller zur Seite gedrückt wird als das Heck, empfiehlt es sich, das Boot mit Wind von vorn zum Stehen zu bringen, um den zu Rettenden aufzunehmen. Dadurch hält das Boot seine Position länger, was gegebenenfalls die entscheidenden Sekunden ausmachen kann. Insbesondere die in der Prüfung verwendeten Bojen werden durch Wind in stärkerem Maß als ein Mensch abgetrieben. Insofern ist auch deshalb die Im-Wind-Position lohnend, da in diesem Fall die Boje nicht weg vom Boot, sondern an dessen Bordwand entlang treibt.

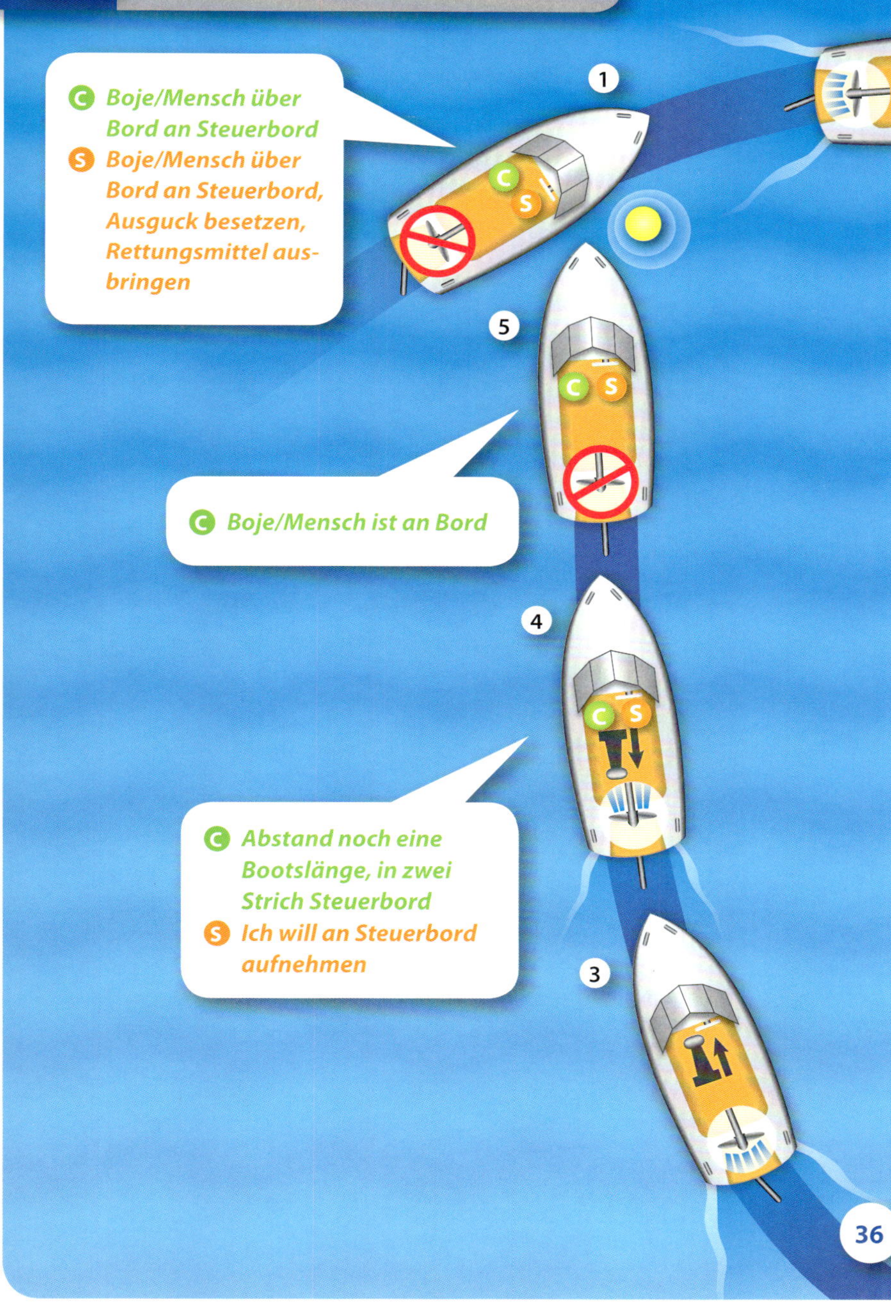

1. Da die Person an Steuerbord über Bord gegangen ist, legt der Steuermann nach dem sofortigen Auskuppeln Ruder nach Steuerbord, damit das Heck von der Person wegschwenkt.

2. Nachdem der Steuermann sich vergewissert hat, dass der zu Rettende frei von Heck und Propeller ist, kuppelt er wieder den Vorwärtsgang ein und beginnt einen großen Kreis zu fahren.

3. Der Steuermann hat im Halbkreis einen Punkt in Lee des zu Rettenden angesteuert, um ab jetzt in Gradeausfahrt überzugehen.

4. Nachdem der Ausguck noch eine Bootslänge Distanz zur Person angesagt hat, beginnt der Steuermann, das Boot mit rückwärts laufendem Propeller langsam aufzustoppen. Durch den rückwärts laufenden Propeller kommt etwas Radeffekt hinzu, weshalb kleine Kurskorrekturen nötig sind.

5. Kurz vor Erreichen der Person kann der Steuermann den Propeller noch ein letztes Mal vorwärts oder rückwärts laufen lassen. Das Boot muss allerdings nach dem letzten Schwung neben dem zu Rettenden zum Stehen kommen. Der Propeller muss dabei wegen der Gefahr für den Menschen ausgekuppelt sein. Abschließend wird die Boje bzw. der Mensch an Bord genommen.

Bei diesem Manöver geht es darum, das Boot nur mit Ruder- und Maschinenmanövern an einen vom Prüfer bestimmten Liegeplatz anzulegen und dort mit einer Seite des Bootes festzumachen. Auch hier hat der Bewerber selbstständig unter Berücksichtigung aller Umstände zu handeln. Da es wegen anderer Boote zumeist nicht möglich ist, parallel zum Steg anzufahren und langsam durch den Rückwärtsgang aufzustoppen, ist das Manöver abhängig vom sinnvoll eingesetzten Radeffekt. Wenn dessen Wirkung das Heck in die gewünschte Richtung versetzt, ist das Manöver perfekt, da in diesem Fall das Aufstoppen und der Versatz des Hecks gleichzeitig stattfinden. Boote mit rechtsdrehendem Propeller legen also am besten auf ihrer Backbordseite an, da der Radeffekt beim Aufstoppen das Heck des Bootes nach Backbord zieht.

Bei Windstille ist es möglich, das Boot allein über das Aufstoppen parallel und stillstehend an den Liegeplatz zu manövrieren, um dann Vor- und Achterleine sowie Vor- und Achterspring zu befestigen. Bei ablandigem Wind sollte man sich als erste Leine zum Land die Vorspring legen lassen. Dann kann man, sobald diese fest ist, das Boot mit dieser einen Leine, zwei Fendern und der entsprechenden Ruderlage bei vorwärts laufendem Propeller in einem stabilen Zustand am Liegeplatz halten. Die Vorspring verhindert dabei, dass das Boot vorwärts fährt, das vom Propellerwasser angeströmte Ruderblatt drückt das Heck zum Liegeplatz. Jetzt können die übrigen Leinen in Ruhe zum Land gebracht werden. Erst danach wird ausgekuppelt.

TIPP

Wind

Auch bei auflandigem Wind sollte das Manöver und nicht der Wind das Boot an den Liegeplatz bringen. Auf den Wind zu vertrauen, funktioniert ohnehin meist nicht, da Boote infolge der ungleich verteilten Angriffsflächen an Deck bei Seitenwind fast nie parallel zum Steg treiben. Bei ablandigem Wind muss das Anlegemanöver jedoch insgesamt mit etwas mehr Schwung gefahren werden. Dementsprechend muss man nämlich auch kräftiger aufstoppen und hat dadurch den Vorteil des stärker wirkenden Radeffekts. Grundsätzlich gilt aber auch hier: Weniger Geschwindigkeit bedeutet geringeren Schaden.

TIPP

Stabil am Steg

Mit einer Vorspring, gegen die man im Vorwärtsgang anfährt, einem Fender und Ruderlage, die das Heck zum Steg drückt, ist ein Boot bereits in einem stabilen Zustand. Einen fast ebenso stabilen Zustand kann man mit einer kurzen Achterleine, Ruderlage zum Steg steuernd und vorwärts laufendem Propeller erzeugen: Hier arbeitet das Boot – unterstützt durch entsprechende Ruderlage – gegen die Achterleine an und drückt sich dadurch gegen den Steg.

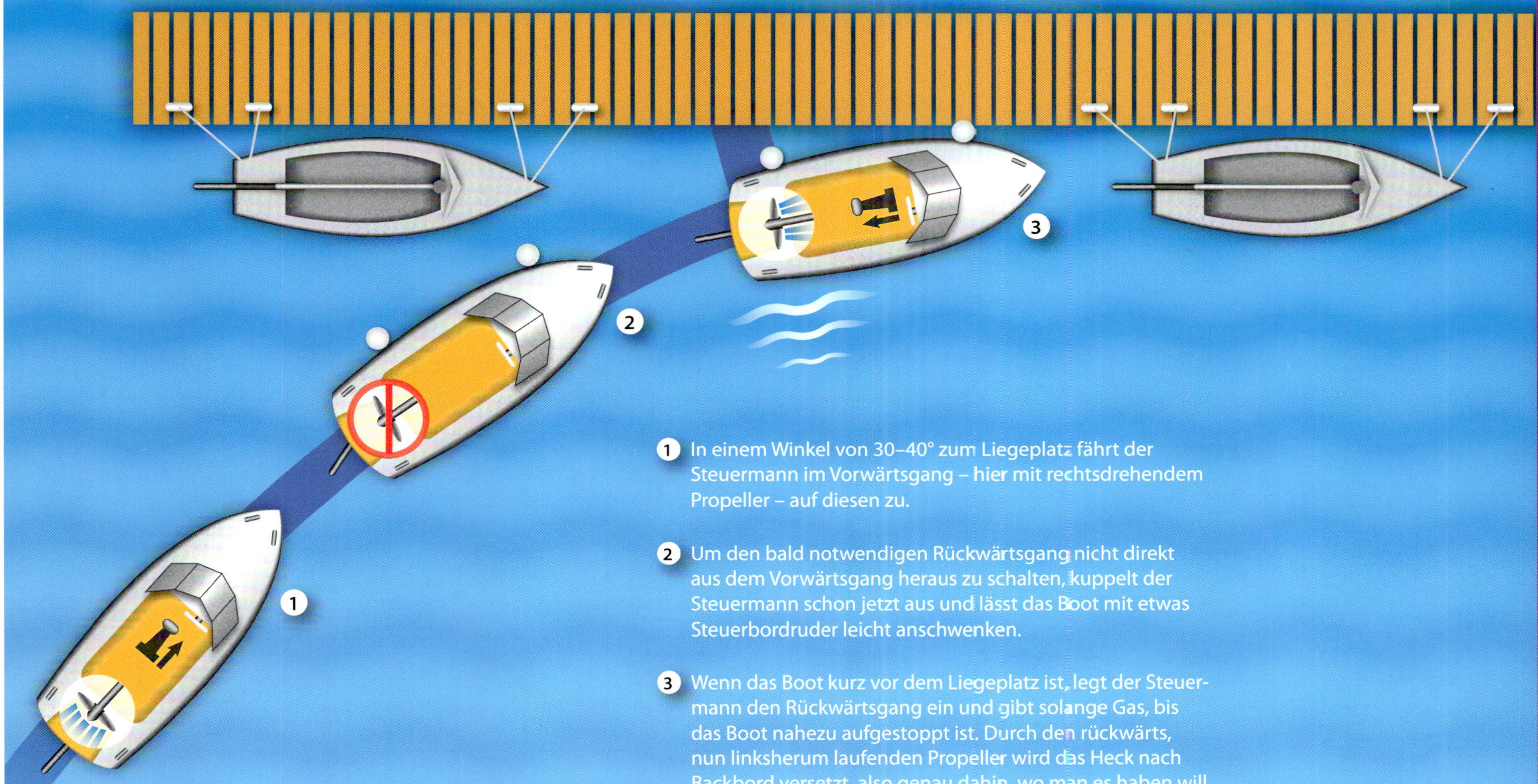

1. In einem Winkel von 30–40° zum Liegeplatz fährt der Steuermann im Vorwärtsgang – hier mit rechtsdrehendem Propeller – auf diesen zu.

2. Um den bald notwendigen Rückwärtsgang nicht direkt aus dem Vorwärtsgang heraus zu schalten, kuppelt der Steuermann schon jetzt aus und lässt das Boot mit etwas Steuerbordruder leicht anschwenken.

3. Wenn das Boot kurz vor dem Liegeplatz ist, legt der Steuermann den Rückwärtsgang ein und gibt solange Gas, bis das Boot nahezu aufgestoppt ist. Durch den rückwärts, nun linksherum laufenden Propeller wird das Heck nach Backbord versetzt, also genau dahin, wo man es haben will. Sobald das Boot steht, kann jemand auf den Steg übersteigen und die Leinen belegen.

Das Steuern nach Seezeichen oder Landmarken soll überprüfen, ob der Bewerber in der Lage ist, das Boot über eine bestimmte Strecke kursbeständig zu steuern.
Der Umgang mit einem Kompass wird nur in der praktischen SBF-See-Prüfung geprüft, und zwar anhand des Peilens von Landmarken oder Booten sowie des Steuerns nach diesen. In der SBF-Binnen-Motor-Prüfung spielt der Kompass keine Rolle. Dementsprechend wird in der theoretischen Vorbereitung darauf auch nicht dessen Funktionsweise gelehrt.

Beim Steuern nach dem Kompass geht es zum einen darum, einen anliegenden Kurs als Gradzahl angeben zu können. Der Prüfer lässt auf ein Seezeichen oder eine Landmarke zusteuern und fragt dabei nach der anliegenden Gradzahl. Es lohnt sich also zu wissen, wo Norden (0°), Süden (180°), Osten (90°) und Westen (270°) liegen. Erst wenn man eine ungefähre Idee von der Gradzahl hat, die auf dem Kompass stehen müsste, sollte auf diesen geschaut und die Gradzahl exakt abgelesen werden.

Zum anderen geht es um das Anlegen und kursbeständige Steuern eines neuen Kurses. Dabei sagt der Prüfer eine höhere oder niedrigere Gradzahl an und bittet den Prüfling, diese als neuen Kurs zu steuern. Auch hier sollte man sich zunächst überlegen, in welche Richtung die Kursänderung erfolgen muss: Bei größeren Gradzahlen ist eine Kursänderung nach Steuerbord, bei kleineren Gradzahlen eine Kursänderung nach Backbord notwendig, da der Gradkreis rechtsherum aufgebaut ist. Erst anschließend sollte man Ruder legen und den Kompass beobachten, bis das Boot den vorgegebenen Kurs erreicht hat. Wenn der Kurs anliegt, gibt man eine Rückmeldung an den Prüfer: „xy° liegt an."

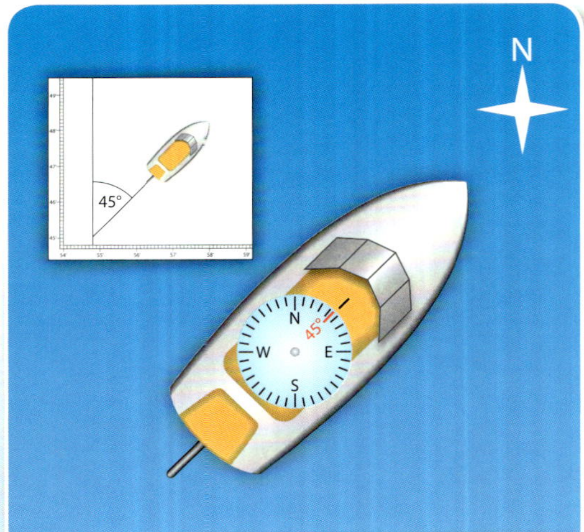

TIPP

Umsicht
Kein Prüfer wird einen Prüfling bewusst in eine gefährliche Situation steuern lassen. Dennoch kann es passieren, dass der angegebene neue Kurs zu einer Kollisionslage mit einem anderen Boot führen würde. Dann muss man sich – als Kurshalter oder Ausweichpflichtiger – entsprechend den Ausweichregeln verhalten. Demgemäß wird selbstständiges, umsichtiges und verantwortungsvolles Handeln erwartet. Diesen Spagat zwischen dem Ausführen von Prüfungsvorgaben und den selbstständigen Überlegungen eines Bootsführers gilt es auszuhalten. Gegebenenfalls sollte man durch klare Ansagen erläutern, warum man beispielsweise die vorgegebene Kursänderung noch nicht umgesetzt hat. Auf andere Boote mit Prüflingen gesteigerte Rücksicht zu nehmen, entspricht darüber hinaus guter Seemannschaft.

Landmarken werden gepeilt, um den eigenen Schiffsort zu ermitteln. Wer im Sichtbereich seines Bootes mindestens zwei Landmarken entdeckt hat, die auch in der Seekarte wiederzufinden sind, peilt diese Objekte mit dem Kompass. Anschließend werden die rechtweisenden Peilungen zu den entsprechenden Landmarken mit dem Kursdreieck in die Seekarte eingetragen und mit der entsprechenden Gradzahl beschriftet. Der Schnittpunkt dieser Linien ist der wahre Schiffsort.

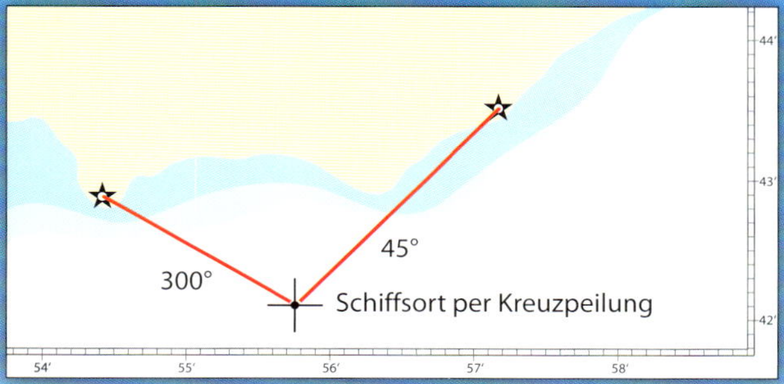

Gepeilt wird in der Regel mit einem Handpeilkompass, da die wenigsten Boote ihren Steuerkompass so montiert haben, dass von diesem aus die gesamte Umgebung zu sehen ist.

TIPP

Peilung in der Prüfung

In der Prüfung wird meist nur das Peilen sowie das Bestimmen der Gradzahlen verlangt. Das Umrechnen und Eintragen mit dem Kursdreieck in die Seekarte wird überwiegend nicht geprüft.

Die Durchführungsrichtlinien zu den Sportbootführerschein-Verordnungen bestimmen, dass zusätzlich zu den Manövern mindestens fünf von sechs durch den Prüfer vorgegebene Knoten von den nachfolgend dargestellten vorgeführt werden müssen und deren Bedeutung erklärt werden kann. Wenn dies nicht gelingt, hat man die gesamte praktische Prüfung nicht bestanden. Daher ist es wichtig, die Knoten bei Nacht, seekrank und hinter dem Rücken stecken zu können.

Achtknoten
Der Achtknoten am Ende einer Schot verhindert, dass diese versehentlich gänzlich aus einer Talje oder Öse rauscht. Der eine weitere Weg, den die Leine im Vergleich zu einem regulären Überhandknoten macht, gewährleistet, dass der Knoten besser wieder gelöst werden kann.

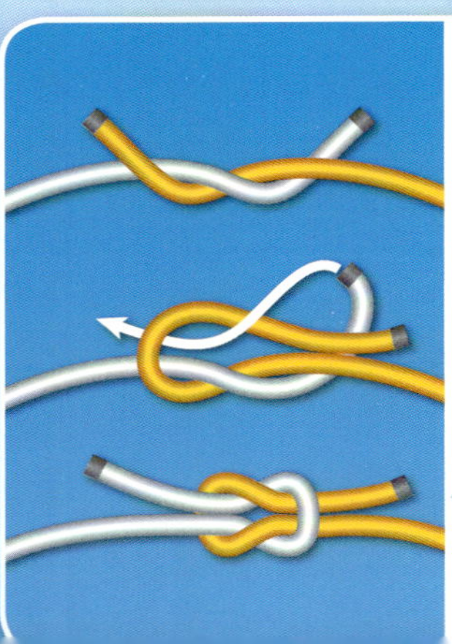

Kreuzknoten
Dass zwei Leinen miteinander verbunden werden müssen, ist an Bord oft gefragt. Sind die Leinen gleich stark, ist der Kreuzknoten perfekt. Bei ungleich starken Leinen nimmt man dagegen den Schotstek. Garantiert gleich stark sind jedoch die Enden der Reffbändsel des Großsegels, da sie ja zur selben Leine gehören.

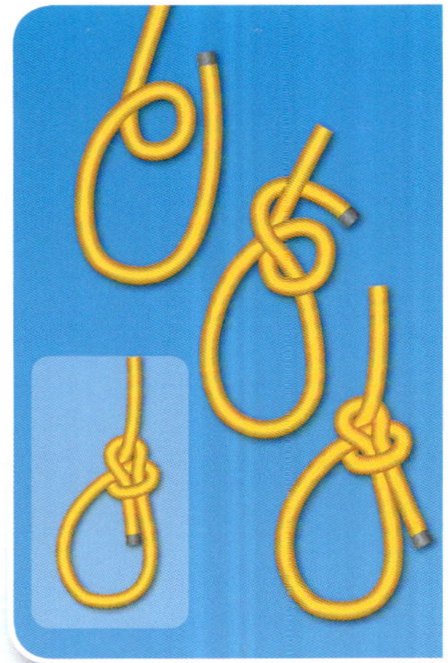

Palstek
Die Schlinge, die sich nicht zusammenzieht. Man legt sie zum Festmachen des Bootes über einen Pfahl („Pal") oder um den zu Rettenden, dessen Rippen man schonen will. Ob das kleine Ende des fertigen Knotens innerhalb oder außerhalb der Schlinge endet, ist grundsätzlich gleichgültig. Beide Varianten halten und sind jeweils ein Palstek.

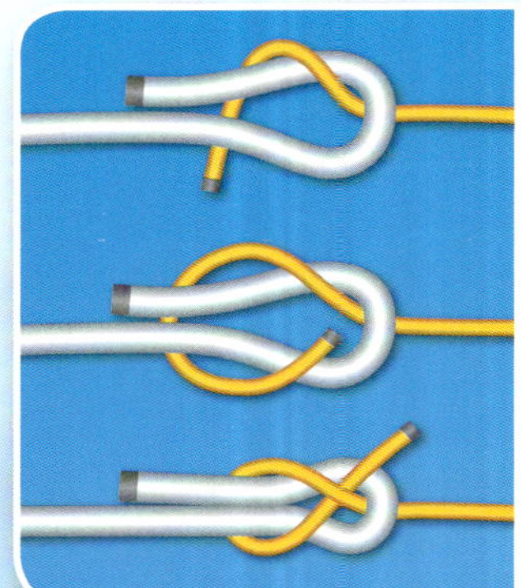

Einfacher Schotstek
Sind die zu verbindenden Leinen nicht gleich stark, hält der Kreuzknoten nicht. Um zum Beispiel eine dicke Schlepptrosse, die man nicht weit werfen kann, mit einer dünnen Wurfleine zu verbinden, ist das ein guter Knoten.

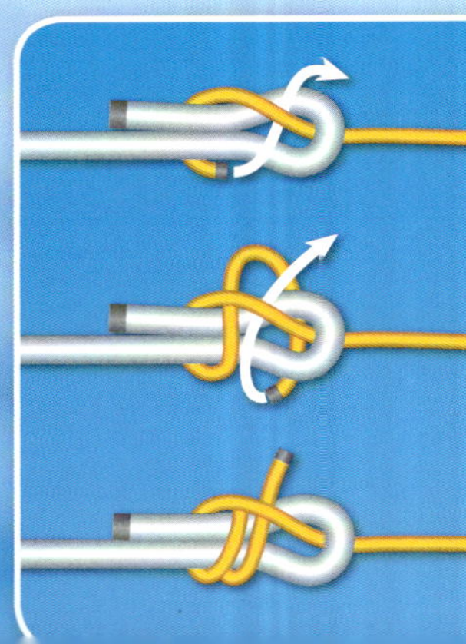

Doppelter Schotstek
Je größer der Unterschied des Durchmessers der beiden Leinen ist, desto eher sollte man den doppelten Schotstek verwenden – auch ein dreifacher ist denkbar.

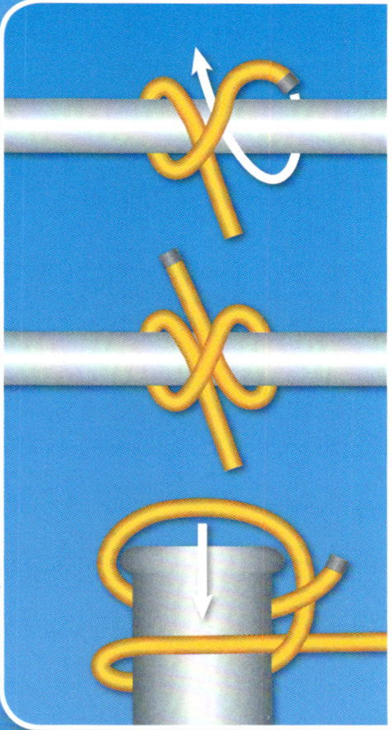

Webleinstek (gesteckt/geworfen)

Den Webleinstek kann man stecken oder werfen. Möchte man beispielsweise einen Fender an einem Handlauf befestigen, steckt man den Knoten um letzteren, und zwar das Ende unter die letzte Wicklung. Hat man aber nicht das Ende der Leine zur Verfügung, und ist das Objekt ein Poller oder Ähnliches, kann man den Webleinstek auch als Überwurfknoten herstellen und dann über den Poller legen.

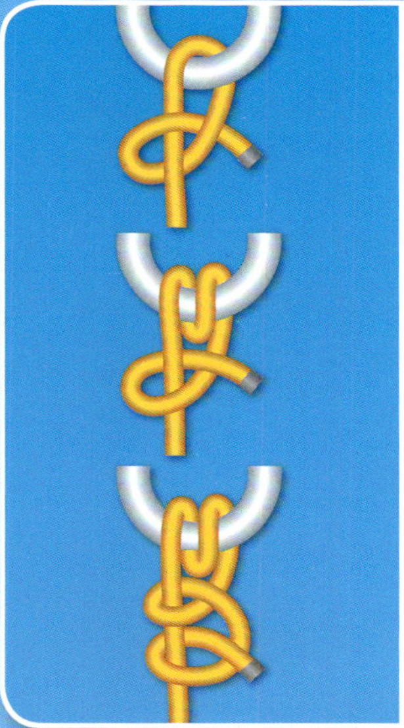

Ein oder zwei Rundtörns mit einem oder zwei halben Schlägen

Wer am Steg keine Klampe und keinen Poller findet, um sein Boot festzumachen, entdeckt vielleicht wenigstens einen eisernen Ring. Jede Wicklung um diesen nennt man einen Rundtörn. Die Überhandknoten, die das Ganze sichern, nennt man halbe Schläge. Den zweiten halben Schlag sollte man immer in derselben Richtung machen wie den ersten.

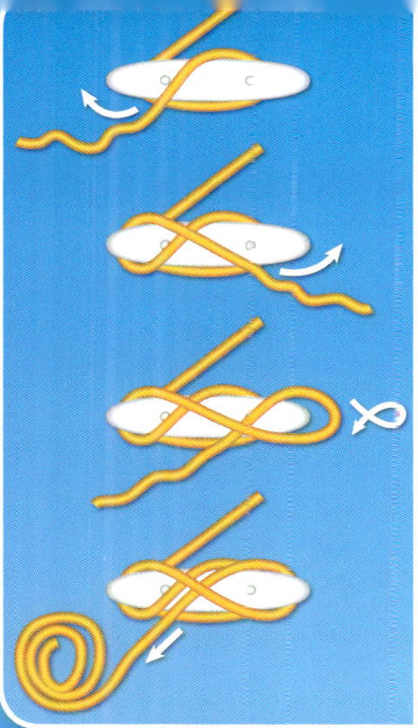

Belegen einer Klampe

Ein Fall am Mast oder eine Leine am Steg lassen sich auf einer Klampe perfekt belegen. Bevor die Leine sich selbst berührt und sich dadurch vielleicht beim Lösen selbst beklemmt, beginnt man diagonale Kreuzschläge. In der Regel genügen drei solcher Kreuzschläge. Dann wird ein Stück Leine zu einem Auge verdreht und als sogenannter Kopfschlag über ein Horn der Klampe gelegt, damit sich das Ganze nicht mehr lösen kann.

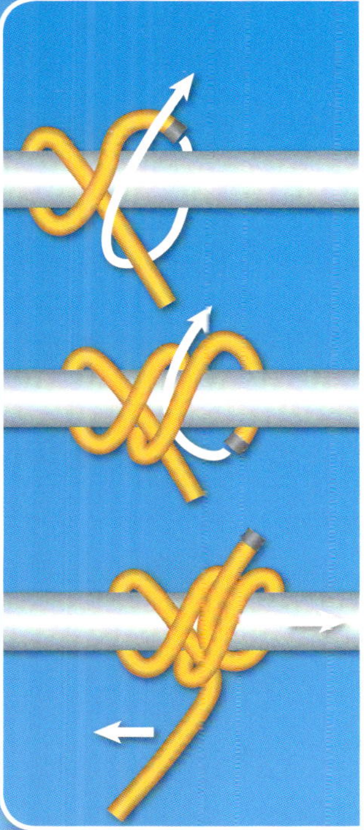

Stopperstek (nur SBF-Binnen-Segel)

Käme ein Schlepper vorbei und würden sich die Geschleppten aneinander hängen, könnte der Erste leicht zu Schaden kommen. Also steckt der Schlepper eine lange, dicke Trosse und jeder der Geschleppten macht sich separat, abwechselnd links und rechts, an dieser fest. Der entsprechende Knoten darf beim Losfahren des Schleppers natürlich nicht verrutschen. Genau genommen ist der Stopperstek ein einseitig doppelt gewickelter Webleinstek. Begonnen wird der Stopperstek mit den Wicklungen, die als Bremse dienen, also von dort, wohin der Knoten nicht rutschen darf.

Inhalt

Bibliografische Information der Deutschen Nationalbibliothek
Die Deutsche Nationalbibliothek verzeichnet diese Publikation in der Deutschen Nationalbibliografie; detaillierte bibliografische Daten sind im Internet über http://dnb.d-nb.de abrufbar.

1. Auflage 2011
ISBN 978-3-7688-3333-2

Lektorat: Felix Wagner
Layout/Grafik: Katja Rüppell, weiteweltdesign, Hamburg
Einbandgestaltung: Buchholz/Hinsch/Hensinger, Hamburg
Druck: Print Consult, München

Delius Klasing Verlag, Siekerwall 21, D - 33602 Bielefeld
Tel.: 0521/559-0, Fax: 0521/559-115
E-Mail: info@delius-klasing.de
www.delius-klasing.de

DELIUS KLASING